MW01657059

# PARA COMPRENDER LOS SACRAMENTOS DE VOCACIÓN

## UNA PERSPECTIVA BASADA EN SUS RITOS

RANDY STICE

LTP
RECURSOS CATÓLICOS EN ESPAÑOL

*Nihil Obstat*
Diácono David Keene, PHD
Canciller
Arquidiócesis de Chicago
17 de agosto de 2022

*Imprimatur*
Obispo Auxiliar Robert G. Casey
Vicario General
Arquidiócesis de Chicago
17 de agosto de 2022

*Nihil Obstat* e *Imprimatur* son declaraciones eclesiásticas oficiales conforme al canon 827, de que un libro está libre de errores doctrinales y morales. Ellas no implican que quienes las conceden suscriben el contenido, opiniones o declaraciones expresas en la obra; tampoco asumen responsabilidad legal alguna asociada con la publicación.



Editor: Ricardo López; cuidado de la edición: Víctor R. Pérez; diseño: Anna Manhart; diagramado: Kari Nicholls.

Portada: LTP con imágenes © The Crosiers.

27 26 25 24 23 1 2 3 4 5

Impreso en los Estados Unidos de América

Biblioteca del Congreso: 2022946596

ISBN 978-1-61671-717-9

SUSV

# CONTENIDO

# ABREVIATURAS

| | |
|---|---|
| CAS | *Cantemos al Señor: la música en el culto divino*, USCCB |
| CD | *Christus Dominus* (Decreto sobre el oficio pastoral de los obispos en la Iglesia), Concilio Vaticano II |
| CEC | *Catecismo de la Iglesia Católica* |
| CIC | *Codex iuris canonici* (Código de derecho canónico) |
| CO | *Ceremonial de los obispos* |
| CPE | *Cuidado pastoral de los enfermos* |
| DMVP | *Directorio para el ministerio y la vida de los presbíteros* |
| DMVDP | *Directorio para el ministerio y la vida de los diáconos permanentes* |
| EG | *Evangelii gaudium* (La alegría del Evangelio), papa Francisco |
| EM | *Eucharisticum mysterium* (Instrucción sobre el culto del misterio eucarístico) |
| FC | *Familiaris consortio* (Sobre el papel de la familia cristiana en el mundo moderno), Juan Pablo II |
| IGMR | *Institución general del Misal Romano* |
| IOM | *Introducción al ordinario de la misa*, USCCB (traducción provisional) |
| GS | *Gaudium et spes* (Constitución pastoral sobre la Iglesia en el mundo moderno), Concilio Vaticano II |
| HV | *Humanae vitae* (Sobre la vida humana), Pablo VI |
| LF | *Lumen fidei* (La luz de la fe), papa Francisco |
| LG | *Lumen gentium* (Constitución dogmática sobre la Iglesia), Concilio Vaticano II |
| MND | *Mane nobiscum Domine* (Quédate con nosotros, Señor), Juan Pablo II |
| MR | *Misal Romano*, tercera edición |
| MS | *Musicam sacram* (Instrucción sobre la música en la liturgia), Concilio Vaticano II |
| OLM | *Ordenación de las lecturas de la misa* |
| PDV | *Pastores dabo vobis* (Sobre la formación de los sacerdotes en la situación actual), Juan Pablo II |
| PNGLH | *Principios y normas generales de la Liturgia de las Horas* |
| PO | *Presbiterorum ordinis* (Decreto sobre el ministerio y la vida de los presbíteros), Concilio Vaticano II |
| RaP | *Reconciliación y Penitencia*, (Exhortación apostólica post-sinodal), Juan Pablo II |
| RBN | *Ritual para el bautismo de los niños* |
| RICA | *Ritual de la iniciación cristiana de adultos* |
| RM | *Ritual del matrimonio* |
| RO | *Ritual de la ordenación del obispo, de los presbíteros y de los diáconos* |
| RP | *Ritual de la penitencia* |
| SacCar | *Sacramentum caritatis* (Exhortación apostólica post-sinodal), Benedicto XVI |
| SC | *Sacrosanctum concilium* (Constitución sobre la sagrada liturgia), Concilio Vaticano II |
| VD | *Verbum Domini* (Exhortación apostólica post-sinodal), Benedicto XVI |
| VL | *Varietatis legitimae* (La liturgia romana y la inculturación), Congregación para el Culto Divino y la Disciplina de los Sacramentos |
| VQA | *Vicessimus quintus annus* (Sobre el 25 Aniversario de la Promulgación de la Constitución Conciliar *Sacrosanctum concilium* sobre la sagrada liturgia), Juan Pablo II |

# Introducción general

"Yo estaré siempre con ustedes hasta el fin del mundo".

Mateo 28:20

Antes de ascender al Padre, Jesús prometió a los apóstoles que estaría con ellos siempre. Los siete sacramentos de la Iglesia, bautismo, confirmación, Eucaristía, reconciliación, unción de los enfermos, orden sacerdotal y matrimonio, son los modos principales en que Jesús sigue cumpliendo la promesa de su presencia permanente. El *Catecismo de la Iglesia católica* describe los sacramentos como un encuentro con la Trinidad: "Toda celebración sacramental es un encuentro de los hijos de Dios con su Padre, en Cristo y en el Espíritu Santo" (CEC, 1153). Mientras que diversos enfoques y disciplinas como la historia, la sociología, la psicología, la semiótica y el ritual pueden profundizar nuestra comprensión y experiencia de los sacramentos, estos enfoques son secundarios y se apoyan en lo primario: el encuentro personal con la Trinidad.

Este encuentro sacramental trinitario es un "diálogo" que se vale tanto de acciones como de palabras que juntas constituyen "un lenguaje" (CEC, 1153). Como cualquier lenguaje, este lenguaje sacramental tiene su propio vocabulario, gramática y sintaxis que se deben aprender si se quiere entrar en el diálogo sacramental con el Padre por Cristo y en el Espíritu Santo. El objetivo de este libro es explorar y dominar el lenguaje de los sacramentos, considerando en detalle los sacramentos de iniciación (bautismo, confirmación y Eucaristía) para poder participar plena, consciente, y activamente en este diálogo con la Trinidad a través de las palabras y acciones de la celebración sacramental.

## Dimensión trinitaria

Aunque justamente se pone énfasis en la institución y acción de Cristo a través de los sacramentos, siempre es importante recordar y explorar la dimensión trinitaria de los sacramentos. "Somos llamados a ser habitados por la Santísima Trinidad: 'Si alguno me ama —dice el Señor— guardará mi Palabra, y mi Padre le amará, y vendremos a él, y haremos morada en él' [Jn 14:23]" (CEC, 260). La obra de la Trinidad en la creación y la salvación, conocida como la "economía divina", es realizada conjuntamente por las tres divinas personas, aunque cada divina persona contribuye a la obra común, "según su propiedad personal" (CEC, 258). Si no afirmamos la distinción de personas, negamos que Dios sea una trinidad de personas, y si no afirmamos la unidad y lo común de la obra de las tres personas, profesaremos tres dioses, no uno. En este volumen, describiré la actividad de cada persona divina en la obra común de los sacramentos de modo que podamos experimentar en nuestras vidas lo que afirma el *Catecismo*, que "toda la vida cristiana es comunión con cada una de las personas divinas, sin separarlas de ningún modo" (CEC, 259).

## LA TERMINOLOGÍA

En toda esta obra, encontrarán referencias no sólo a los sacramentos, sino también a la liturgia y a las celebraciones litúrgicas, así como a las celebraciones sacramentales. Los términos *liturgia* y *sacramentos* se sobreponen, pero no son sinónimos. *Liturgia*, en este libro, es un término más inclusivo, que se refiere al culto oficial público de la Iglesia, para el que existen libros rituales oficiales. Esto incluye los siete sacramentos, pero también celebraciones como las que se encuentran en el *Bendicional*, la *Liturgia de las Horas* y en el *Ritual de la iniciación cristiana de adultos*. *Sacramento* es un término más limitado que se refiere solamente a cada uno de los siete sacramentos de la Iglesia. Todo lo que se dice de la liturgia o las celebraciones litúrgicas es verdad para los sacramentos, pero las referencias a los sacramentos o las celebraciones sacramentales no son necesariamente aplicables a celebraciones litúrgicas no sacramentales, como las que se hallan en el *Bendicional* o en la *Liturgia de las Horas*. El *Catecismo* resume concisamente la relación entre liturgia y sacramentos: "Toda la vida litúrgica de la Iglesia gravita en torno al sacrificio eucarístico y los sacramentos [cf. SC, 6]" (CEC, 1113).

### Basado en los ritos

Como indica el título, mi perspectiva en este volumen se basa en el rito. El rito mismo es siempre el mejor punto de partida, porque éstas son las palabras que escuchamos y decimos, los gestos y posturas que adoptamos, los signos y símbolos que nos atraen. Además, la Iglesia ha transmitido la fe que el Señor le encomendó. Cristo ha entregado a la

Iglesia la responsabilidad de transmitir "la fe en toda su integridad, para que la regla de oración (*lex orandi*) de la Iglesia, se corresponda con la "regla de la fe (*lex credendi*)" (VL, 27). En efecto, esta *lex orandi, lex credendi* es un principio que se remonta a Próspero de Aquitania (siglo V). "'La ley de la oración es la ley de la fe' [O 'legem credendi lex statuat supplicandi' ('La ley de la oración determine la ley de la fe'), según Próspero de Aquitania, *Epistulae*, 217, (siglo V): PL 45, 1031], la Iglesia cree como ora. La liturgia es un elemento constitutivo de la Tradición santa y viva [cf. DV, 8]" (CEC, 1124). San Ireneo (finales del siglo II) expresó este principio en relación con la misa: "Nuestra manera de pensar armoniza con la Eucaristía, y a su vez la Eucaristía confirma nuestra manera de pensar" [*Adversus haereses*, 4, 18,5] (CEC, 1327). La Iglesia siempre ha comprendido la inseparable relación entre culto y fe, y por esta razón el rito sacramental siempre es el mejor punto de partida para comprender el significado del propio sacramento.

## Las fuentes

Como nuestra perspectiva se basa en el rito, nuestra fuente más importante será el propio rito, que incluye no sólo las palabras y acciones rituales, sino también las lecturas bíblicas para cada uno de los sacramentos. Además, el *Misal Romano* contiene misas rituales para la celebración de los sacramentos dentro de la misa (a excepción del sacramento de la penitencia y reconciliación) y estos textos (oraciones, prefacios y bendiciones solemnes) son también parte del rito sacramental. Completaremos las palabras y acciones del rito con otras fuentes selectas. La fuente mencionada más frecuentemente es el *Catecismo de la Iglesia Católica*, que san Juan Pablo II llamó "texto de referencia seguro y auténtico para la enseñanza de la doctrina católica" y que ofreció "a todos aquellos fieles que deseen conocer mejor las riquezas inagotables de la salvación (cf. Jn 8:32)" (*Fidei depositum*). Su presentación de la fe católica, iluminada por la Sagrada Escritura, los escritos de los santos y la enseñanza de los concilios y los papas, lo convierte en una fuente rica e invaluable de información sobre los sacramentos. Se anima a los lectores de este libro a tener una copia del *Catecismo de la Iglesia Católica* a mano, o acceder al texto en línea en el sitio web del Vaticano.

También haremos frecuentemente referencia a los documentos del Concilio Vaticano II (1962–1965), que convirtieron en absoluta prioridad la reforma y restauración de la liturgia en la *Constitución Sacrosanctum concilium, sobre la sagrada liturgia*. La *Constitución dogmática Lumen gentium, sobre la Iglesia* es una fuente clave en el tratamiento del sacramento del orden sacerdotal, y la *Constitución pastoral Gaudium et spes, sobre la Iglesia en el mundo moderno* tiene una importancia similar para la comprensión del sacramento del matrimonio. Estos documentos fundacionales serán complementados con escritos pontificios, como las exhortaciones apostólicas de san Juan Pablo II, *Familiaris consortio, sobre la misión de la familia cristiana en el mundo actual*, y *Pastores dabo vobis*, sobre la formación de los sacerdotes en la situación actual, y la exhortación apostólica *Verbum Domini, sobre la palabra de Dios en la vida y en la misión de la Iglesia*, de Benedicto XVI. También tendremos ocasión de citar documentos producidos por congregaciones vaticanas tales como el *Directorio para el ministerio y la vida de los presbíteros*, producido por la Congregación del Clero. Por supuesto que también escucharemos a los santos, especialmente a los Padres de la Iglesia de los primeros siglos, y finalmente, nos referiremos también a obras de teólogos, liturgistas e historiadores contemporáneos.

Como estas fuentes sugieren, no estamos implicados en un trabajo especulativo de teología. No estamos proponiendo una nueva teoría de los sacramentos. Más bien, nuestro objetivo es escuchar, atentamente y en oración, la voz de Cristo y su Iglesia para profundizar nuestro encuentro sacramental con la Trinidad.

## La metodología

En este libro estamos usando un método de catequesis sacramental descrito por el papa emérito Benedicto XVI en su exhortación apostólica *Sacramentum caritatis, sobre la Eucaristía, fuente y culmen de la vida y de la misión de la Iglesia*. Este tipo de catequesis se llama *mistagogia*, que viene de la palabra griega para la persona que conducía a los catecúmenos a un misterio. Su objetivo es llevar al creyente de los signos de los sacramentos a las realidades espirituales que significan. Benedicto XVI (ver SacCar, 63) propone considerar tres aspectos del sacramento:

1. Las raíces del sacramento en el Antiguo Testamento.
2. El significado de los signos y símbolos que contiene el sacramento.
3. El significado del sacramento para la propia vida (vivir el sacramento).

Examinaremos detalladamente cada uno de esos tres aspectos de los sacramentos del orden sacerdotal y del matrimonio considerando los diversos elementos de sus ritos y las distintas fuentes recién referidas.

### La organización

Nuestro libro consta de tres partes. En la primera haremos una breve introducción a la teología sacramental, del capítulo 1 al 3. El capítulo 1 considera los distintos modos en que la Trinidad está presente en una celebración sacramental. El capítulo 2 estudia los distintos signos sacramentales que comprende la celebración. El capítulo 3 introduce el método de la catequesis mistagógica utilizando ejemplos de los distintos sacramentos para ilustrar en primer lugar sus raíces en el Antiguo Testamento, luego el significado de los signos y símbolos sacramentales y, por último, la fuerza total transformadora de los sacramentos para vivir una vida sacramental. Aunque este libro se centra en los sacramentos de vocación, la primera parte incluye ejemplos de los sacramentos del bautismo, la Eucaristía, la confirmación, unción de los enfermos, y penitencia o reconciliación, para proporcionar al lector alguna catequesis sobre los siete sacramentos y no sólo los del orden y el matrimonio.

La segunda parte es una presentación del sacramento del orden sacerdotal. El capítulo 4 traza los orígenes de este sacramento en el Antiguo Testamento; el capítulo 5 analiza los signos y símbolos del sacramento y el capítulo 6 explora el significado del orden sacerdotal como una experiencia de vida. La tercera parte trata del sacramento del matrimonio, utilizando la misma estructura que en la segunda parte. El capítulo 7 trata de las raíces en el Antiguo Testamento; el capítulo 8 examina el significado de los elementos constitutivos del sacramento, y el capítulo 9 mira a la experiencia de vida de la vida sacramental. El capítulo 10 concluye tratando el orden sacerdotal y el matrimonio, como sacramentos al servicio de la comunión.

## AUDIENCIA Y ACTIVIDADES

Las personas pueden usar este libro tanto individualmente como en grupos. Este recurso quiere ayudar a quienes están implicados en preparar a otros para la recepción de los sacramentos del orden y del matrimonio. También es apropiado para algunas sesiones de educación religiosa, así como clases sobre los sacramentos en la escuela preparatoria o incluso a nivel universitario. Para facilitar su uso, incluimos una serie de actividades diseñadas para ayudar al lector a revisar y sintetizar el material, investigar un tema concreto más detalladamente (en algunos casos usando el *Catecismo de la Iglesia Católica*) y ayudar al lector a profundizar su experiencia de la liturgia.

## EL LUGAR PRIVILEGIADO PARA EL ENCUENTRO

Aunque nos encontramos con Dios de muchas maneras distintas, "la Liturgia es, por consiguiente, el 'lugar' privilegiado del encuentro de los cristianos con Dios y con quien él envió, Jesucristo (cf. Juan 17:3)" (*Vicesimus quintus annus*, 7). En la liturgia "toda oración cristiana encuentra su fuente y su término. Por la liturgia el hombre interior es enraizado y fundado [cf. Ef 3:16-17] en 'el gran amor con que el Padre nos amó' (Ef 2:4) en su Hijo Amado. Es la misma 'maravilla de Dios' que es vivida e interiorizada por toda oración, 'en todo tiempo, en el Espíritu' (Ef 6:18)" (CEC, 1073). Nuestra esperanza es que esta obra ayude al lector a participar en la celebración de los sacramentos del orden sacerdotal y del matrimonio como lugares privilegiados de encuentro con la Santísima Trinidad, experimentando ahí el amor del Padre por nosotros en Cristo, derramado en nuestros corazones por el Espíritu Santo.

PARTE I

# Introducción a la teología sacramental

Este libro es una introducción a los sacramentos de vocación: orden sacerdotal y matrimonio. Sin embargo, antes de entrar en detalle sobre estos sacramentos, consideraremos la naturaleza y potencia de los sacramentos en general. Los tres primeros capítulos de ese volumen presentan una concisa introducción a la teología sacramental: ¿Qué es un sacramento? ¿Cómo actúa Dios a través de los sacramentos? ¿Cómo afectan los sacramentos a nuestra vida? ¿Cómo podemos entrar más plenamente a cada celebración sacramental?

El *Catecismo de la Iglesia Católica* describe una celebración sacramental como "un encuentro de los hijos de Dios con su Padre, en Cristo y en el Espíritu Santo" (cf. CEC, 1153). Ésta es la convicción fundamental de este libro: los sacramentos son encuentros con el Padre en Cristo y en el Espíritu Santo, la Santísima Trinidad. Empezaremos por examinar en el capítulo 1 cómo los sacramentos cumplen la promesa de Cristo a sus apóstoles de estar con ellos siempre. Consideraremos particularmente cómo cada persona de la Trinidad, Padre, Hijo y Espíritu Santo, está presente y activa en una celebración sacramental. Prestaremos especial atención a cómo los sacramentos hacen presente la pasión, muerte, resurrección y ascensión de Cristo, y cómo nos dispensan la vida divina (ver CEC, 1131).

El capítulo 2 enfoca el encuentro de Dios con sus hijos en una celebración sacramental que "se expresa como un diálogo, a través de acciones y palabras", es decir, por los signos que constituyen un lenguaje sacramental (ver CEC, 1153). Aquí consideraremos varios signos que son comunes a muchos de los sacramentos, tales como las imágenes, el canto, la señal de la cruz, el movimiento, el incienso y el color. Nuestra reflexión sobre estos diversos signos sacramentales se centrará en cómo "son portadores de la acción salvífica y santificadora de Cristo", cómo el Espíritu actúa a través de estos signos para concedernos el poder del sacrificio salvífico de Cristo para alabanza y gloria del Padre (ver CEC, 1189).

Para que podamos participar plena y fecundamente en las celebraciones sacramentales, debemos acercarnos a ellas con fe y comprensión. El último capítulo de esta sección escribe un enfoque de la catequesis litúrgica que nos puede ayudar a hacer esto. Tiene tres elementos. Comienza por mirar a las raíces del sacramento en el Antiguo Testamento, revelando la unidad y progresivo cumplimiento de la obra salvífica de Dios que culmina en la persona y obra de Jesucristo. Luego analiza el significado de los distintos signos litúrgicos que componen cada sacramento. Finalmente, considera el modo en que cada sacramento transforma nuestra vida. En el capítulo 3 describiremos este método de catequesis y lo ilustraremos con ejemplos de los sacramentos de iniciación (bautismo, Eucaristía y confirmación) y los sacramentos de curación o sanación (penitencia o reconciliación y unción de los enfermos). Juntos, estos tres capítulos nos darán la base e instrumentos para un estudio detallado del orden sacerdotal y del matrimonio.

Capítulo 1

# Los sacramentos: un encuentro con la Santísima Trinidad

Cuando estaba a punto de ascender al Padre, Jesús reunió a sus discípulos en la montaña. Allí les ordenó "hacer discípulos de todas las naciones" y les prometió estar con ellos siempre. "Yo estaré siempre con ustedes hasta el fin del mundo" (cf. Mateo 28:19–20). Luego "se separó de ellos y fue llevado al cielo" (Lucas 24:51). Lucas nos dice que los discípulos experimentaron la Ascensión con alegría, no tristeza, que se postraron delante de él, y que "volvieron a Jerusalén con gran alegría" (Lucas 24:52).

¿Por qué estaban gozosos los discípulos mientras Jesús partía? Porque habían experimentado el nuevo modo de Cristo de estar con ellos. La presencia sacramental de Cristo se expresa bellamente en el encuentro en el camino de Emaús de los dos discípulos que no lo reconocen (Lucas 24:13–35). Después de una conversación inicial (vv. 13–24), "comenzando por Moisés y continuando con todos los profetas, (Jesús) les interpretó en todas las Escrituras lo que se refería a él" (v. 27). Luego los dos discípulos lo invitaron a quedarse con ellos y compartieron una comida. Cuando Jesús estaba a la mesa con ellos, "tomó el pan y pronunció la bendición; luego lo partió y se lo dio" (v. 30); éstas son acciones eucarísticas. "Entonces los ojos de los discípulos se abrieron y lo reconocieron, pero él había desaparecido de su vista" (v. 31).

Este relato tiene la misma estructura que la misa. Comienza con la Liturgia de la Palabra, Jesús les explica cómo las Escrituras se refieren a él, y sigue con la liturgia eucarística, cuando Jesús tomó el pan, lo bendijo, lo partió y se lo dio. En ese momento, desapareció de su vista, porque ahora estaba presente en la Eucaristía. Este es el modo de Lucas de explicar el nuevo modo de Jesús de estar con sus discípulos; su presencia es ahora una presencia sacramental, manifestada en signos sacramentales, preeminentemente a través de los signos del pan y el vino. El *Catecismo* explica la razón de este nuevo modo de presencia de Cristo entre sus discípulos: "Durante este tiempo de la Iglesia, Cristo vive y actúa en su Iglesia y con ella ya de una manera nueva, la propia de este tiempo nuevo"

(CEC, 1076). Cristo, la cabeza, está ahora presente y actúa poderosamente a través de su cuerpo, la Iglesia, que es "(signo e instrumento) en el cual el Espíritu Santo dispensa el Misterio de la salvación" (CEC, 1111). Cristo sigue proclamando el Reino de Dios a través de palabras y de obras, del mismo modo en que lo hizo durante su ministerio en la tierra, pero la manera es distinta: en cuerpo, en tiempo de los evangelios y ahora sacramentalmente, a través de signos y símbolos, palabras y acciones, a través de su cuerpo, la Iglesia, en la liturgia. El *Catecismo* explica cómo Cristo actúa por los sacramentos recordando milagros de sanación que se encuentran en el Evangelio según san Lucas, en los que la fuerza brotó de Jesús para sanar a los enfermos. En una ocasión, por ejemplo, la multitud trataba de tocar a Jesús "porque salía de él una fuerza que sanaba a todos" (Lucas 6:19). En otra ocasión, una mujer que había estado enferma durante doce años tocó la orla de su vestido y fue sanada. Jesús supo inmediatamente lo que había pasado. Le dijo a Pedro: "porque he sentido que *una fuerza salía de mí'"* (8:46, cursiva añadida). Estos acontecimientos prefiguran lo que realiza Cristo ahora a través de los sacramentos: son "como '*fuerzas que brotan*' del Cuerpo de Cristo [cf. Lc 5:17; 6:19; 8:46] siempre vivo y vivificante" (CEC, 1116, cursiva añadida). Todo lo que hizo Jesús durante su ministerio en la tierra continúa haciéndolo hoy a través de los sacramentos, sacramentalmente, "por signos sensibles" (SC, 7).

## El misterio pascual

Existe otra razón por la que los discípulos estaban gozosos en su ascensión. Jesús estaba aún con ellos y había introducido una nueva presencia y fuerza en el mundo a través de su misterio pascual. El misterio pascual de Cristo (del griego *pascha,* que significa "Pascua" y el verbo *pascho,* que significa "sufrir") se refiere a su "bendita pasión, resurrección de los muertos y ascensión gloriosa por la que "muriendo destruyó nuestra muerte y resucitando restauró la vida" (SC, 5). El misterio pascual es singular entre todos los acontecimientos históricos: mientras que otros acontecimientos históricos ocurren y luego pasan, el misterio pascual "no puede permanecer solamente en el pasado, pues su muerte destruyó a la muerte, y todo lo que Cristo es y todo lo que hizo y padeció por los hombres participa de la eternidad divina y domina así todos los tiempos y en ellos se mantiene permanentemente presente. El acontecimiento de la Cruz y la Resurrección *permanece* y atrae a todo hacia la Vida" (CEC, 1085). No es únicamente un acontecimiento que recordamos con reverencia: es una realidad siempre presente, "que la Iglesia anuncia y celebra en su liturgia a fin de que los fieles vivan de él y den testimonio del mismo en el mundo" (CEC, 1068). Constituye, escribió san Juan Pablo II, "el centro de la vida diaria de la Iglesia" (VQA, 6).

Existe una conexión integral entre el ministerio en la tierra de Jesús y su misterio pascual. Sus palabras y acciones durante su ministerio en la tierra anticiparon de modos distintos el poder salvador del misterio pascual que ahora se comunica a través de la Iglesia en la liturgia (cf. CEC, 1085). Él mismo fue bautizado por Juan en el Jordán y mandó a sus discípulos que bautizaran a los nuevos creyentes; envió y capacitó a sus seguidores para continuar su ministerio (Mateo 28:18–20). Sanó a los enfermos y envió a sus discípulos a hacer lo mismo (Mateo 10:1). Perdonó a los pecadores y derramó el Espíritu sobre los apóstoles para continuar este ministerio (cf. Juan 20:22–23). Celebró la Última Cena con sus discípulos y les ordenó que la celebraran con frecuencia (cf. Mateo 26:26–29). Infundió un poder y una autoridad especiales a los Doce para que actuaran en su nombre, y los apóstoles siguieron haciéndolo en la Iglesia primitiva (Lucas 24:49). En estos acontecimientos, Cristo anunció y preparó lo que le daría a la Iglesia cuando todo se hubiera cumplido (Juan 19:30). "Los misterios de la vida de Cristo son los fundamentos de lo que, en adelante, por los ministros de su Iglesia, Cristo dispensa en los sacramentos" (CEC, 1115). En la memorable formulación del papa san León Magno (m. 461), "lo que era visible en nuestro Salvador, ha pasado a sus misterios [*Sermones*, 74, 2: PL 54, 398A]" (CEC, 1115).

## EL MISTERIO PASCUAL Y LOS DEMÁS SACRAMENTOS

Todos los sacramentos derivan su fuerza del misterio pascual de Cristo. "El misterio pascual se celebra, y se hace presente de nuevo en la liturgia de la Iglesia, y sus efectos salvíficos se comunican a través de los Sacramentos" (CEC, Glosario, voz *Misterio pascual / Sacrificio*). Esto es verdad de manera patente en la Eucaristía porque, "en el sacrificio de la misa se hace nuevamente presente la pasión de Cristo" (RP, 2). Sin embargo, también es verdad de los demás sacramentos. Por ejemplo, el *Ritual del bautismo* explica los efectos del sacramento: es "la puerta de la Vida y del

Reino" (RICA, *Observaciones generales*, 3); incorpora a quienes lo reciben en la Iglesia (ibid., 4) y los "limpia de toda mancha de pecado, original y personal" y los "hace partícipes de la naturaleza divina [2 Pe 1:4] e hijos de Dios [cf. Rom 8:15; Gal 4:5]" (ibid., 5). Todos estos efectos se producen "por la fuerza del misterio de la Pasión y Resurrección del Señor... El Bautismo... conmemora y actualiza el Misterio Pascual, haciéndonos pasar de la muerte del pecado a la vida" (ibid., 6).

El sacramento de la reconciliación también deriva su fuerza del misterio pascual porque a través de las palabras de la absolución, la imposición de las manos, y la señal de la cruz, "la fuerza salvífica de la pasión, muerte y resurrección de Jesús es comunicada al mismo penitente como 'misericordia más fuerte que la culpa y la ofensa'" (RaP, 31, III). De hecho, las palabras de la absolución muestran "su relación con el Misterio Pascual de Cristo" (RP, 19). "Dios, padre de toda misericordia, por la muerte y resurrección de su Hijo ha reconciliado al mundo consigo mismo... El *Catecismo* resume la relación entre el misterio pascual y los sacramentos de esta manera: "El misterio pascual se celebra, y se hace presente de nuevo en la liturgia de la Iglesia, y sus efectos salvíficos se comunican a través de los Sacramentos, especialmente en la Eucaristía, que renueva el sacrificio pascual de Cristo como sacrificio ofrecido por la Iglesia" (CEC, Glosario, voz *Misterio pascual / Sacrificio* con referencia a numerales 1076, 571, 1362–1372).

## Los sacramentos: obra de la Trinidad

Aunque se enfatiza mucho, y justamente, el papel de Cristo en la liturgia es importante recordar que el misterio pascual es la obra de toda la Trinidad, como leemos en la Epístola a los hebreos: "*Cristo*, que, por el espíritu eterno, se ofreció a sí mismo sin mancha a *Dios*" (9:14, cursiva añadida). De hecho, todo lo que realiza Dios en la creación y la historia de la salvación es la obra conjunta de la Trinidad.[1] Así lo explica santa Teresa de Ávila: "En todas tres Personas no hay más de un querer y un poder y un señorío, de manera que ninguna cosa puede una sin otra, sino que de cuantas criaturas hay es sólo un Criador. ¿Podría el Hijo criar una hormiga

1. "Sin embargo, cada persona divina realiza la obra común según su propiedad personal" (CEC, 258).

sin el Padre? No, que es todo un poder, y lo mismo el Espíritu Santo; así que es un solo Dios todopoderoso, y todas tres Personas una Majestad".[2]

Los sacramentos son la obra de la Trinidad, porque "toda celebración sacramental es un encuentro de los hijos de Dios con su Padre, en Cristo y en el Espíritu Santo" (CEC, 1153). El Padre es la fuente de la bendición, que "es una acción divina que da la vida" (CEC, 1078). "Desde el comienzo y hasta la consumación de los tiempos, toda la obra de Dios es bendición" (CEC, 1079). Algunos ejemplos de la bendición de Dios son la creación, sus alianzas con Noé y Abraham, la liberación de Egipto, el don de la tierra prometida, la presencia de Dios en el templo, y el exilio purificador y retorno de Israel (CEC, 1080–1081). Sin embargo, es en la liturgia donde "la bendición divina es plenamente revelada y comunicada" (CEC, 1082). Ya que la liturgia es un diálogo, respondemos a la revelación y la comunicación de la bendición del Padre rindiéndole bendición y adoración por ser "la fuente de todas las bendiciones de la creación y de la salvación, con las que nos ha bendecido en su Hijo para darnos el Espíritu de adopción filial" (CEC, 1110).

La acción de Cristo en la liturgia es indicar y hacer presente a través de signos perceptibles, su modo nuevo y sacramental de estar con nosotros, su propio misterio pascual. Logra esto manifestando su presencia sacramental de diversos modos. Él está presente en la asamblea en cumplimiento de su promesa de que "donde hay dos o tres reunidos en mi nombre, yo estoy presente en medio de ellos" (Mateo 18:20). Está también presente en los ministros ordenados que son "signos sacramentales de Cristo" (CEC, 1087). Está presente en su palabra. Y está presente especialmente "bajo las especies eucarísticas" (SC, 7). Cristo obra en la liturgia según su nuevo modo de estar con nosotros, comunicándonos los frutos de su pasión, muerte, resurrección y ascensión.

El Espíritu Santo, "pedagogo de la fe del Pueblo de Dios, el artífice de las 'obras maestras de Dios', que son los sacramentos de la Nueva Alianza" (CEC, 1091), obra de diversos modos en la liturgia. Prepara al pueblo de Dios a recibir a Cristo despertando la fe, la conversión del corazón y la adhesión a la voluntad del Padre (cf. CEC, 1098). También recuerda el misterio de Cristo, "dando vida a la Palabra de Dios", concediendo "una comprensión espiritual de la Palabra de Dios" y dando "la

2. Santa Teresa de Jesús, *Relaciones*, 33, 3; (www.parroquiavaldespartera.com/wp-content/uploads/2012/07/S.Teresa-de-Jesus-Obras-completas NOOO.pdf; acceso el 16 de diciembre de 2021).

gracia de la fe" a los que escuchan para que puedan responder a la palabra en fe (cf. CEC 1100–1102). El Espíritu también hace presente el misterio pascual de Cristo a través de su "poder transformador... en la liturgia" (CEC, 1107). Finalmente, el Espíritu Santo, "que es el Espíritu de comunión" reúne a la asamblea en comunión con Cristo formándola en su nuevo Cuerpo (CEC, 1108). La sección del *Catecismo* sobre el Espíritu Santo en la liturgia (CEC, 1091–1109) merece una lectura cuidadosa y orante porque "hace una contribución notable a una nueva comprensión trinitaria de la liturgia".[3]

La presencia y la obra de la Trinidad se expresa muy bellamente en la Plegaria Eucarística III: "Santo eres en verdad, *Padre*... ya que, por *Jesucristo*, tu Hijo, Señor nuestro, con la fuerza del *Espíritu Santo*, das vida y santificas todo" (cursivas añadidas). Dios Padre, por el Hijo, por la fuerza del Espíritu Santo, da vida y santifica todo. El sacramento de la penitencia es también un encuentro con la Trinidad, porque las palabras y gestos de la absolución, constituyen "el momento en el que, en respuesta al penitente, la Santísima Trinidad se hace presente para borrar su pecado y devolverle la inocencia" (RaP, 31.III). Así, toda celebración sacramental es una acción de las tres personas de la Trinidad y nos acerca más profundamente al misterio del amor trinitario.

## LA NATURALEZA DE LA LITURGIA

Antes de considerar más detalladamente los sacramentos como obras de la Trinidad, tenemos que mirar brevemente a la naturaleza de la liturgia. En la Constitución sobre la sagrada liturgia, el Concilio Vaticano II describe la liturgia de la siguiente manera:

> Con razón, entonces, se considera la liturgia como ejercicio del sacerdocio de Jesucristo. En ella, los signos sensibles significan y, cada uno a su manera, realizan la santificación del hombre; y así, el Cuerpo místico de Jesucristo, es decir, la Cabeza y sus miembros, ejerce el culto público íntegro.
>
> En consecuencia, toda celebración litúrgica, por ser obra de Cristo sacerdote y de su Cuerpo, que es la Iglesia, es acción sagrada por excelencia, cuya

---

3. Francis Eugene Cardenal George, OMI, "Sacrosanctum Concilium Anniversary Address: The Foundations of Liturgical Reform", en Francis Arinze, Francis George, Jorge Medina-Estevez y George Pell, *Cardinal Reflections: Active Participation and the Liturgy* [Reflexiones cardenalicias: La activa participación y la liturgia], (Chicago: Hillenbrand Books, 2005), 47.

> eficacia, con el mismo título y en el mismo grado, no la iguala ninguna otra acción de la Iglesia (SC, 7).

Esta descripción hace tres afirmaciones importantes:

- Primera, la liturgia es "un ejercicio de la función sacerdotal de Jesucristo", lo cual quiere decir que él es el celebrante de toda liturgia.
- Segunda, Cristo está presente en la liturgia a través de signos "perceptibles a los sentidos" y obra "de maneras propias a cada uno de esos signos". Eso es lo que queremos decir cuando hablamos de Cristo presente y obrando sacramentalmente: está verdaderamente presente, pero ahora, a través de "signos perceptibles a los sentidos".
- En tercer lugar, la liturgia "es realizada por el Cuerpo místico de Jesucristo, esto es, por la Cabeza y sus miembros". Cristo se manifiesta sacramentalmente como Cuerpo y Cabeza de maneras distintas.

## CRISTO ESTÁ PRESENTE, CABEZA Y CUERPO

La presencia de Cristo en su cuerpo místico es el cumplimiento de su promesa a sus discípulos: "Donde dos o tres estén reunidos en mi nombre, allí estoy yo en medio de ellos" (Mateo 18:20). Aunque su presencia se manifiesta de modos distintos, miraremos únicamente a un ejemplo. En la Eucaristía se realiza en el saludo del celebrante: "El Señor esté con ustedes", y la respuesta de la asamblea: "Y con tu espíritu". El saludo del celebrante manifiesta a la comunidad reunida la presencia del Señor (IGMR, 50). Junto con la respuesta "queda de manifiesto el misterio de la Iglesia congregada" (IGMR, 50). Es decir, a través de este sencillo diálogo, tiene lugar un profundo cambio: la congregación se ha convertido en una nueva realidad sacramental, se ha convertido en el Cuerpo místico de Cristo reunido en este lugar, haciendo visiblemente presente el misterio de la Iglesia. Ya no es un mero grupo de personas reunidas en un sitio; ahora es el Cuerpo de Cristo dispuesto a realizar el culto público de la Iglesia.

El saludo y la respuesta también hacen sacramentalmente visible a Cristo, Cabeza. Según el *Catecismo de la Iglesia Católica*, "por el ministerio ordenado, especialmente por el de los obispos y los presbíteros, la presencia de Cristo como cabeza de la Iglesia se hace visible en medio de la comunidad de los creyentes [cf. LG, 21]" (CEC, 1549).

En la Eucaristía, esta presencia visible de Cristo como cabeza se manifiesta especialmente a través de la respuesta del pueblo, "Y con tu espíritu". Esto es más que un simple saludo en la línea de "y también contigo"; es una referencia al don del Espíritu recibido en la ordenación. Este entendimiento de la respuesta del pueblo es muy antiguo. En el siglo V, Narsai de Nisibis explicaba que "espíritu" se refiere, "no al alma del sacerdote, sino al Espíritu que ha recibido por la imposición de las manos".[4] Solamente por el don del Espíritu recibido en la Ordenación puede proceder la liturgia. En palabras de un estudioso contemporáneo: "La respuesta de la comunidad se podría entender como una breve intercesión por el que preside, que pueda cumplir bien su papel con la ayuda del Señor y en la gracia ministerial concedida por el Espíritu".[5] La Iglesia también exhorta al sacerdote a hacer visible esta realidad sacramental a través de la celebración de la misa, "en el mismo modo de comportarse y de anunciar las divinas palabras, debe hacer percibir a los fieles la presencia viva de Cristo" (IGMR, 93).

## La Palabra de Dios

Cristo también está presente en su palabra. Cuando se proclama la Sagrada Escritura en la liturgia, "es él quien habla" (SC, 7). Cristo está presente por su palabra de modos múltiples en la liturgia. Primeramente, "es de la Escritura de donde se proclaman las lecturas que se explican en la homilía, y se cantan los salmos". Segundo, "las oraciones, preces e himnos litúrgicos, están penetrados de *su espíritu*" (cursiva añadida). En tercer lugar, "y de ella reciben su significado las acciones y los signos" (SC, 24). Cristo Palabra Eterna proclama su palabra en la asamblea litúrgica; su palabra da a las oraciones y texto litúrgico su fuerza singular e interpreta los signos y acciones que comprende la liturgia.

De hecho, existe una unidad intrínseca entre las acciones y las palabras de Dios. "En efecto, en la historia de la salvación no hay separación entre lo que Dios *dice* y lo que *hace*; su Palabra misma se manifiesta como viva y eficaz" (cf. Heb 4:12) (VD, 53). Dios creó por su palabra:

---

4. Robert Cabié, *The Eucharist* [La Eucaristía], trad. de Matthew J. O'Connell, en A.G. Martimort, *The Church at Prayer*, vol. 2, (Collegeville, MN: The Liturgical Press, 1986), 51. En español: *La Iglesia en oración: Introducción a la liturgia* (Barcelona: Herder, 1992).

5. Michael Kunzler, *The Church's Liturgy* [La liturgia de la Iglesia], trad. de Placid Murray, OSB, Henry O'Shea, OSB, y Cilian O Sé, OSB (London: Continuum, 2001), 198.

"Dijo Dios: hágase la luz; y la luz se hizo" (Gn 1:3). Esta misma fuerza es evidente en muchos de los milagros de Jesús. Jesús dijo al paralítico: "Levántate, toma tu camilla y vete a tu casa" (Marcos 2:11), e inmediatamente se curó. Cuando Jesús y sus discípulos se hallaban en medio de una tormenta en el mar, Jesús increpó al viento y dijo al mar: "¡Cálmate!" (Marcos 4:39). El viento cesó de inmediato y se hizo una gran calma. El papa Benedicto XVI llama a esto "la naturaleza eficaz" de la palabra de Dios, que no se limita al pasado, sino que es una realidad presente. "en la acción litúrgica estamos ante su Palabra que realiza lo que dice" (VD, 53).

La naturaleza eficaz de la palabra de Cristo en la liturgia se hace eminentemente evidente en la Eucaristía, cuando el sacerdote pronuncia las palabras de Cristo sobre el pan y el vino. Así es como san Juan Crisóstomo (m. 407) explicaba este misterio: "El sacerdote, figura de Cristo, pronuncia estas palabras, pero su eficacia y gracia provienen de Dios. *Esto es mi Cuerpo*, dice. Esta palabra transforma las cosas ofrecidas [*De proditione Judae*, I,6: PG 49, 380C]" (CEC, 1375).[6] Dieciséis siglos después, san Juan Pablo II afirmaba esta misma realidad. Es el sacerdote, "quien, gracias a la facultad concedida por el sacramento del Orden sacerdotal, realiza la consagración. Con la potestad que le viene del Cristo del cenáculo, dice: 'Esto es mi cuerpo, que será entregado por ustedes... Éste es el cáliz de mi sangre, que será derramada por ustedes'. El sacerdote pronuncia estas palabras o, más bien, *pone su boca y su voz a disposición de Aquél que las pronunció en el cenáculo...*" (*Ecclesia de Eucharistia*, 5). La Palabra de Dios es eficaz y realiza lo que significa.

La palabra de Dios proclamada en la liturgia, "es siempre viva y eficaz por el poder del Espíritu Santo, y manifiesta el amor operante del Padre, amor indeficiente en su eficacia para con los hombres" (VD, 52). La Palabra del Padre se hace presente y personal mediante la acción del Espíritu Santo. "En la palabra de Dios proclamada y escuchada, y en los sacramentos, Jesús dice hoy, aquí y ahora, a cada uno: 'Yo soy tuyo, me entrego a ti', para que el hombre pueda recibir y responder, y decir a su vez: 'Yo soy tuyo'" (VD, 51). Entender la naturaleza transformadora de la palabra de Dios en la liturgia nos puede ayudar a reconocer la acción

---

6. Es la enseñanza constante de la Iglesia que el pan y el vino se transforman en el Cuerpo y la Sangre de Cristo por la palabra de Cristo y la obra del Espíritu Santo. "Los Padres de la Iglesia afirmaron con fuerza la fe de la Iglesia en la eficacia de la Palabra de Cristo y de la acción del Espíritu Santo para obrar esta conversión" (CEC, 1375).

de Dios en la historia de la salvación y en nuestras propias vidas (VD, 53), actuando a veces en modos que nos sorprenden y maravillan, porque, como nos recuerda el papa Francisco, "La palabra tiene en sí una potencialidad que no podemos predecir" (EG, 22).

> **Profundizando en el *Catecismo***
>
> La lectura del evangelio durante la misa se acompaña de una rica variedad de signos sacramentales. ¿Cuáles son los distintos signos que acompañan este momento clave de la misa? (cf. CEC, 1154).

## Invocar al Espíritu Santo: la epíclesis

Uno de los elementos esenciales en toda celebración sacramental es la invocación al Espíritu Santo. Esta invocación se llama *epíclesis*, palabra griega que significa "invocación". Cada sacramento incluye una epíclesis, una "oración pidiendo por el poder santificador del Santo Espíritu de Dios" (CEC, Glosario, voz *Epíclesis*). Va acompañada de un gesto que se remonta a los apóstoles: "El poder vivificante del Espíritu, que se movía sobre las aguas en el primer momento de la creación y que estuvo sobre María en el momento de la encarnación, se expresa vívidamente por el gesto antiguo de extender las manos con las palmas hacia abajo sobre los elementos a consagrar" (IOM, 118).[7]

Miremos unos cuantos ejemplos. En el sacramento del bautismo hay una epíclesis sobre el agua bautismal. Dice así:

> Te pedimos, Señor, que, por tu Hijo,
> descienda sobre el agua de esta fuente,
> el poder del Espíritu Santo,
> para que todos,
> sepultados con Cristo en su muerte por el Bautismo,
> resuciten también con él a la vida nueva.
> Él, que vive y reina contigo en la unidad del Espíritu Santo
> y es Dios por los siglos de los siglos.
> R. Amén
> (*Misal Romano*, Vigilia Pascual, Bendición del agua bautismal, 46)

7. Todas las citas de *Introduction to the Order of Mass* (IOM) son provisionales, a falta de una traducción oficial.

Otro ejemplo es la consagración del óleo santo, el crisma. La epíclesis para la consagración del crisma sagrado por el obispo en la misa crismal durante la Semana Santa se expresa con las palabras siguientes: "Te suplicamos, Señor, / que santifiques con tu bendición ✠ este óleo fecundo / y que infundas en él la fuerza de tu Espíritu Santo, / junto con el poder de Cristo... / Haz que este Crisma / sea sacramento de vida y perfecta salvación / en favor de quienes nacerán espiritualmente / del agua bautismal... / para que así, / conforme a la eficacia de tu sacramento, / habiéndoles concedido la dignidad real, sacerdotal y profética, / sean revestidos con el don incorruptible" (*Misal Romano*, Apéndice VIII, Consagración del Crisma, 25). En la misa encontramos dos epíclesis. La primera, se pronuncia sobre el pan y el vino para transformarlos en el Cuerpo y la Sangre de Cristo se llama epíclesis consagratoria. La segunda epíclesis se invoca sobre la asamblea y se llama epíclesis de comunión, porque pide que "quienes toman parte en la Eucaristía sean un solo cuerpo y un solo espíritu" (CEC, 1353). La epíclesis es un elemento esencial a toda celebración litúrgica, que asegura que "tiene lugar la efusión del Espíritu Santo que actualiza el único Misterio" (CEC, 1104).

## El recuerdo litúrgico: la anámnesis

El segundo elemento, "el centro de toda celebración sacramental" (CEC, 1106), es la *anámnesis*. La palabra es una transliteración de una palabra griega que se traduce por "recuerdo". Ocurre dos veces en el primer relato de la última cena, 1 Corintios 11:23–26, escrito por san Pablo a mediados de los años 50. Las palabras de Jesús sobre el pan (11:24) y el cáliz (11:25), concluyen con el mandato: "Hagan esto en memoria (*anámnesis*) mía". La anámnesis, recuerdo o memorial, es una "representación viva ante Dios de las obras salvíficas que ha realizado en Cristo, para que su plenitud y poder sean eficaces en el aquí y ahora" (IOM, 121).

La anámnesis o recuerdo, "no es solamente el recuerdo de los acontecimientos del pasado, sino la proclamación de las maravillas que Dios ha realizado en favor de los hombres [cf. Ex 13:3]. En la celebración litúrgica, estos acontecimientos *se hacen, en cierta forma, presentes y actuales*. De esta manera Israel entiende su liberación de Egipto: cada vez que es celebrada la Pascua, los acontecimientos del Éxodo se hacen presentes a la memoria de los creyentes, a fin de que conformen su vida a estos acontecimientos" (CEC, 1363, cursivas añadidas). "El memorial recibe un sentido nuevo en el Nuevo Testamento. Cuando la Iglesia celebra la Eucaristía, hace memoria de la Pascua de Cristo y ésta *se hace presente*: el sacrificio que Cristo ofreció de una vez para siempre en la cruz, permanece siempre actual [cf. Hb 7:25–27]: 'Cuantas veces se renueva en el altar el sacrificio de la cruz, en el que Cristo, nuestra Pascua, fue inmolado, se realiza la obra de nuestra redención, (LG 3)", (CEC, 1364, cursiva añadida).

En el rito del bautismo, la anámnesis se encuentra en la Oración sobre el agua: "Dios nuestro, / cuyo Hijo, al ser bautizado por el Precursor / en el agua del Jordán, / fue ungido por el Espíritu Santo; / *suspendido en la cruz, / quiso que brotaran de su costado sangre y agua*; / y después de su resurrección mandó a sus apóstoles: / 'Vayan y enseñen a todas las naciones, bautizándolas en el nombre del Padre, y del Hijo y del Espíritu Santo'" (*Misal Romano*, Vigilia Pascual, 46, Bendición del agua bautismal, cursivas añadidas). En la misa, todas las Plegarias eucarísticas contienen una anámnesis o memorial, "en el cual la Iglesia recuerda la Pasión, la Resurrección y el glorioso retorno de Jesucristo" (CEC, Glosario, voz *Anámnesis*). La anámnesis siempre viene después de las palabras de la institución y es seguida por la oblación en la que la Iglesia "presenta al Padre la ofrenda de su Hijo, que nos reconcilia con Él" (CEC, 1354). En la Plegaria eucarística III, la anámnesis, oblación y acción de gracias o doxología se expresan elocuente y concisamente: "Así, pues, Padre, / al celebrar ahora el memorial / de la pasión salvadora de tu Hijo, / de su admirable resurrección y ascensión al cielo, / mientras esperamos su venida gloriosa [anámnesis], / te ofrecemos [oblación], en esta acción de gracias [doxología], / el sacrificio vivo y santo".

## LA PRESENCIA REAL POR EXCELENCIA

Finalmente, Cristo está presente en las especies eucarísticas de una manera totalmente única y "eleva la Eucaristía por encima de todos los sacramentos y hace de ella 'como la perfección de la vida espiritual y el fin al que tienden todos los demás sacramentos' (Santo Tomás de Aquino, *Summa theologiae* 3, q. 73, a. 3)", (CEC, 1374). En las especies eucarísticas "están 'contenidos *verdadera, real y sustancialmente* el Cuerpo y la Sangre, junto con el alma y la divinidad de nuestro Señor Jesucristo, y, por consiguiente, *Cristo entero*' [Concilio de Trento: DS 1651]", (CEC, 1374, cursivas originales). Esta presencia es *verdadera*, "no simplemente por imagen o forma"; *real*, "no sólo subjetivamente por la fe de los creyentes", y *sustancial*, "en su realidad profunda que no puede ser vista con los sentidos, y no en las apariencias que siguen siendo pan y vino".[8] Al afirmar la presencia real de Cristo en las especies eucarísticas, la Iglesia no está negando la presencia real de Cristo en otros modos. Más bien, su presencia en las especies eucarísticas, "se denomina 'real', no a título exclusivo, como si las otras presencias no fuesen 'reales', sino por excelencia, porque es substancial y por ella Cristo, Dios y hombre, se hace totalmente presente (MF, 39)", (CEC, 1374). La Eucaristía, por tanto, contiene "todo el bien espiritual de la Iglesia, es decir, Cristo en persona, nuestra Pascua" (PO, 5).

Esta presencia se expresa de diversas maneras en las palabras de la misa. En la Liturgia eucarística, el Prefacio, la Plegaria eucarística y el Padrenuestro se dirigen a Dios Padre. Sin embargo, las oraciones que siguen al Padrenuestro se dirigen a Cristo, ahora sustancialmente presente en el altar. Inmediatamente después del Padrenuestro, el sacerdote se dirige a Cristo. "Señor nuestro Jesucristo, que dijiste a tus apóstoles...". A esto sigue el "Cordero de Dios" que también va dirigido a Cristo, ahora sustancialmente presente en el altar. Por último, el sacerdote muestra la hostia y el cáliz con la sangre consagrada y dice: "Éste es el Cordero de Dios, / que quita el pecado del mundo" (MR, *Ordinario de la misa*, 132). No vemos en "éste" una cosa santa, sino la persona de Cristo, el Hijo de Dios, bajo la apariencia de pan. La comunión sacramental también tiene carácter de encuentro personal. Por eso, "los ministros ordenados y a los que, debidamente preparados, están autorizados para el ministerio de distribuir la Eucaristía en caso de necesidad real, que hagan lo posible para que el gesto, en su sencillez, corresponda a su valor de encuentro personal con el Señor Jesús en el Sacramento" (Benedicto XVI, *Sacramentum caritatis*, 50).

Santa Teresa de Ávila expresaba la realidad de la presencia de Cristo en la Eucaristía con un lenguaje particularmente vívido y personal: "Porque, si no nos queremos hacer bobos y cegar el entendimiento, no hay que dudar; que éste no es representación de la imaginación, como cuando consideramos al Señor en la cruz o en otros pasos de la Pasión, que le representamos en nosotros mismos como pasó. Esto pasa ahora y es entera verdad, y no hay para qué le ir a buscar en otra parte

8. Raniero Cantalamessa, *The Eucharist: Our Sanctification* [La Eucaristía: Nuestra santificación], ed. rev. (Collegeville, MN: The Liturgical Press, 1995), 81.

más lejos; sino que, pues sabemos que mientras no consume el calor natural los accidentes del pan, que está con nosotros el buen Jesús, que nos lleguemos a él. Pues, si cuando andaba en el mundo, de sólo tocar sus ropas sanaba los enfermos, ¿qué hay que dudar que hará milagros estando tan dentro de mí, si tenemos fe, y nos dará lo que le pidiéremos, pues está en nuestra casa? Y no suele Su Majestad pagar mal la posada, si le hacen buen hospedaje".[9]

Finalmente, la presencia de Cristo en la liturgia se manifiesta a través de signos y símbolos que constituyen los ritos litúrgicos. Por el poder del Espíritu "se hacen *portadores de la acción salvífica y vivificante* de Cristo" (CEC, 1189, cursiva añadida). Constituyen el lenguaje de la liturgia, que es el tema del siguiente capítulo.

### Profundizando en el rito de la reconciliación y la penitencia

¿Quiénes se hacen presentes en las palabras de la absolución del rito de la penitencia?

> Dios, Padre misericordioso,
> que reconcilió al mundo consigo
> por la muerte y resurrección de su Hijo,
> y envió al Espíritu Santo para el perdón
> de los pecados,
> te conceda, por el ministerio de la Iglesia,
> el perdón y la paz.
> **Y YO TE ABSUELVO DE TUS PECADOS**
> **EN EL NOMBRE DEL PADRE, Y DEL HIJO, ✠**
> **Y DEL ESPÍRITU SANTO.**
>
> —Ritual de la Penitencia, 46

9. Santa Teresa de Ávila, *Camino de perfección*, 34, 8 en *Santa Teresa de Jesús*, edición crítica preparada por Tomás Alvarez © Monte Carmelo (www.parroquiavaldespartera.com/wp-content/uploads/2012/07/S.Teresa-de-Jesus-Obras-completasNOOO.pdf, acceso el 16 de diciembre de 2021).

Capítulo 2

# El lenguaje de la liturgia

La liturgia se compone de signos y símbolos por medio de los cuales Dios manifiesta su presencia, así como su obra salvífica y santificadora. Media su presencia por signos y símbolos porque esto corresponde a nuestra naturaleza, el modo en que nos creó. Somos cuerpo y espíritu y expresamos y percibimos "realidades espirituales a través de signos y símbolos materiales" (CEC, 1146). Además, porque hemos sido creados como seres relacionales, necesitamos 'signos y símbolos para comunicarnos con los demás, mediante el lenguaje, gestos y acciones' (cf. CEC, 1146). Esto es igualmente verdadero de nuestra relación con Dios: "Pues, según la economía divina, por la que la humanidad y bondad de nuestro Dios y Salvador se manifestó en forma visible a los hombres [cf. Tit 3:4–5], Dios ha querido, mediante signos visibles, concedernos la salvación y renovar la alianza quebrantada una vez más" (RP, 6d).

Los signos de la liturgia confieren la salvación y renuevan la alianza quebrantada porque son "portadores de la acción salvífica y santificadora de Cristo" (CEC, 1189). Su fuerza deriva de su origen, "los signos visibles que usa la sagrada Liturgia han sido escogidos por Cristo o por la Iglesia para significar las realidades divinas invisible" (SC, 33). Algunos ejemplos de signos elegidos por Cristo incluyen el pan sin levadura y el vino de uva para la Eucaristía, el uso del aceite para la unción de los enfermos, y la fórmula bautismal, "En el nombre del Padre, y del Hijo, y del Espíritu Santo". Signos elegidos por la Iglesia incluyen las vestiduras litúrgicas y los colores, las posturas como estar de pie y arrodillarse y gestos como la señal de la cruz. Estos signos, tanto si son elegidos por Cristo o por la Iglesia, son portadores del poder el misterio pascual de Cristo de un modo que no es posible con signos elegidos por nosotros mismos. Es más, son necesarios para el cumplimiento del misterio de la salvación en la comunidad cristiana y para asegurar la presencia de Dios (*Liturgiae instaurationes*, 1). A través de los signos, la liturgia hace presente el poder transformador del misterio pascual de Cristo, introduciéndonos a la relación con la Trinidad.

Cuando la Iglesia habla de signos litúrgicos, utiliza el término en sentido amplio y englobante que incluye objetos materiales, palabras, acciones, canto y música. Éstos están sacados de elementos y acciones que "se refieren a la creación (luz, agua, fuego), a la vida humana (lavar, ungir, partir el pan) y a la historia de la salvación (los ritos de la Pascua)" (CEC, 1189). Todos los signos y símbolos litúrgicos están relacionados a Cristo y encuentran en él su plenitud. Cuando hablamos de signos y símbolos litúrgicos, la distinción entre signo y símbolo no es el punto importante, "lo que es importante es que, cualquiera que sea el término empleado, sea signo o símbolo, el significado que tiene cada uno para la Iglesia es de plenitud, realidad y verdad. De hecho, lo que indican signos y símbolos es la plenitud, la realidad y la verdad: Cristo mismo".[1] La Trinidad opera mediante los signos litúrgicos: valiéndose de las palabras, acciones y signos que constituyen la celebración litúrgica, "el Espíritu Santo pone a los fieles y a los ministros en relación viva con Cristo, Palabra e Imagen del Padre, a fin de que puedan incorporar a su vida el sentido de lo que oyen, contemplan y realizan en la celebración" (CEC, 1101). Por la fe de la Iglesia y el poder del Espíritu Santo, Dios comunica los frutos del misterio pascual de Cristo por medio de este lenguaje litúrgico.

Existe una íntima relación entre el poder de los signos litúrgicos y su inteligibilidad. La inteligibilidad de los signos y símbolos de la liturgia fue una preocupación primordial del Concilio Vaticano II en su reforma de la liturgia. "Por consiguiente, es de suma importancia que los fieles comprendan fácilmente los signos sacramentales" (SC, 59), para que puedan "participar… por medio de una celebración plena, activa y comunitaria" (SC, 21). Los signos inteligibles capacitan a la liturgia para entrar "cierta y eficazmente… en las mentes y vidas de los fieles" (EM, 4). Cuando no se comprende, el lenguaje de la liturgia puede ser confuso o vacío de significado, pero cuando se entiende es inagotablemente rico, variado, y poderoso.

## LOS SIGNOS Y SÍMBOLOS SACRAMENTALES

Los signos sacramentales son distintos a otros signos que encontramos en nuestra vida diaria. Por ejemplo, un signo de un hospital indica el

---

1. Christopher Carstens y Douglas Martis, *Mystical Body, Mystical Voice: Encountering Christ in the Words of the Mass* [Cuerpo místico, voz mística: Al encuentro de Cristo en las palabras de la misa] (Chicago: Liturgy Training Publications, 2011), 40.

lugar del hospital, pero no contiene al hospital. Es meramente un indicador, una señal. Los signos sacramentales también indican otra realidad, pero de manera distinta a los signos convencionales, pues también hacen presente la realidad que significan. "La palabra y la acción litúrgica, indisociables en cuanto signo y enseñanza, lo son también en cuanto que realizan lo que significan. El Espíritu Santo no solamente procura una inteligencia de la Palabra de Dios suscitando la fe, sino que también *mediante los sacramentos, realiza las 'maravillas' de Dios que son anunciadas por la misma Palabra"* (CEC, 1155, cursiva añadida). Esta realidad se expresa en la propia liturgia. Consideren, por ejemplo, la Oración después de la Comunión del Trigésimo Domingo del Tiempo Ordinario: "Que tus sacramentos, Señor, produzcan en nosotros todo lo que significan, para que lo que ahora celebramos en figura lo alcancemos en su plena realidad". Dios usa los signos y símbolos de la liturgia para comunicarnos la fuerza y la realidad del misterio pascual.

A través de la riqueza y diversidad de sus signos, la liturgia implica a toda la persona: mente, cuerpo y sentidos. Implica el oído por las palabras y el canto; el olfato por el incienso; la vista por las vestiduras, imágenes y colores; el tacto por la postura y los gestos, y el gusto por el Cuerpo y Sangre de Cristo bajo las apariencias de pan y vino. A través de estos distintos "tipos de lenguaje" la liturgia opera a distintos niveles de comunicación e implica a toda la persona (ver SacCar, 40), de modo que cada participante puede entrar en la liturgia con todo su ser.

Consideremos ahora algunos de los signos comunes a todos los sacramentos. Miramos a unos cuantos signos litúrgicos en el capítulo anterior, como la palabra litúrgica y los gestos que acompañan a la invocación al Espíritu Santo. En este capítulo consideraremos otros signos y símbolos que son comunes para muchas de las celebraciones sacramentales de la Iglesia: imágenes, cantos, la señal de la cruz, el silencio, el movimiento, el incienso y el color. Por último, consideraremos la importancia de la armonía de los signos litúrgicos.

## Las imágenes

Un elemento común a todas las iglesias católicas y por tanto parte de toda celebración litúrgica es la imagen litúrgica. El arte sacro es una consecuencia directa de la Encarnación. Ninguna imagen puede "representar al Dios invisible e incomprensible; la Encarnación del Hijo de Dios inauguró una nueva 'economía' de las imágenes" (CEC, 1159). San

Juan Damasceno explicaba esta nueva economía de las imágenes en el siglo XVII. "En otro tiempo. Dios, que no tenía cuerpo ni figura, no podía de ningún modo ser representado con una imagen. Pero ahora que se ha hecho ver en la carne y que ha vivido con los hombres, puedo hacer una imagen de lo que he visto de Dios... con el rostro descubierto contemplamos la gloria de Dios [San Juan Damasceno, *De sacris imaginibus orationes*, 1,16: PG 96, 1245A]" (CEC, 1159). La imagen y la palabra sagradas enseñan y reafirman el único mensaje evangélico de Jesucristo. En 787, el segundo Concilio de Nicea afirmaba esta relación recíproca entre la Sagrada Escritura y el arte sagrado: "la representación pictórica de las imágenes, que está de acuerdo con la predicación de la historia evangélica, creyendo que, verdaderamente y no en apariencia, el Verbo se hizo carne" (CEC, 1160, citando el Concilio de Nicea II, año 787: *Conciliorum oecumenicorum decreta*, 111).

Las imágenes sagradas "significan, en efecto, a Cristo", que es glorificado en ellas (cf. CEC, 1161) y en cierto modo, hacen presente un aspecto integral de toda celebración sacramental, "la nube de testigos" de la que habla Hebreos 12:1, "que continúan participando en la salvación del mundo y a la que estamos unidos, sobre todo en la celebración sacramental" (CEC, 1161). Esta dimensión celestial fue reafirmada por el Concilio Vaticano II: "En la Liturgia terrena pregustamos y tomamos parte en aquella Liturgia celestial, que se celebra en la ciudad santa, Jerusalén, hacia la que nos dirigimos como peregrinos, y donde Cristo está sentado a la derecha del Padre, como ministro del santuario y del tabernáculo verdadero, cantamos al Señor el himno de gloria con todo el ejército celestial" (SC, 8). Las celebraciones sacramentales unen el cielo y la tierra, uniéndonos con toda la corte celestial, como se evidencia, por ejemplo, en la invocación del Acto penitencial de la misa, cuando recitamos: "Por eso ruego a santa María, siempre Virgen, / a los ángeles, a los santos, / y a ustedes, hermanos, / que intercedan por mí ante Dios / nuestro Señor" (MR, *Ordinario de la misa*, 4).

Esta dimensión vertical, celestial, de la liturgia está profundamente arraigada en nuestra tradición. En el siglo V san Juan Crisóstomo describía la presencia angélica en la Eucaristía: "los ángeles rodean al sacerdote. Todo el santuario y el espacio alrededor del altar están llenos de las potestades celestiales que honran a aquel que está presente en el altar".[2]

---

2. Jean Daniélou, SJ, *The Angels and Their Mission*, trad. de David Heimann (Westmister MD: The Newman Press, 1956), 62. En español: *La misión de los ángeles según los padres*

Tres siglos más tarde, san Beda (m. 735), exhortaba a los fieles con las siguientes palabras: "No se nos permite dudar de que donde se realizan los misterios del cuerpo y la sangre del Señor, está presente una reunión de los ciudadanos del cielo... Por tanto, debemos esforzarnos meticulosamente, hermanos, cuando venimos a la iglesia en honrar el debido servicio de alabanza divina, o realizar la solemnidad de la misa y siempre ser conscientes de la presencia angélica y así cumplir nuestro deber celestial con temor y una adecuada veneración".[3] De un modo real y potente el cielo se hace presente en la tierra en toda celebración litúrgica.

Las imágenes sagradas son parte integral de la liturgia, porque nos ayudan a percibir al ejército celestial presente con nosotros en toda celebración litúrgica: "Su cometido es llevar más allá de lo constatable desde el punto de vista material, consiste en despertar los sentidos internos y enseñar *una nueva forma de mirar* que perciba lo invisible en lo visible".[4] Las imágenes sagradas nos ayudan a poner "la mirada en lo invisible, no en lo visible, porque lo visible es pasajero, pero lo que no se ve es para siempre" (2 Cor 4:17–18). Toda celebración litúrgica es una participación en la liturgia celestial celebrada eternamente en la Jerusalén celestial. Las imágenes sagradas nos ayudan a comprender y a entrar en este aspecto vital de la liturgia.

## El canto

La música, como cada signo litúrgico, manifiesta la presencia de Dios porque "Dios, el dador de la música, está presente cada vez que el pueblo canta sus alabanzas" (CAS, 1). La música enriquece la liturgia de varios modos. Cuando se canta, la oración tiene "una expresión más agraciada" (MS, 5). El canto también manifiesta más claramente "la naturaleza jerárquica de la liturgia y la composición específica de la comunidad" ya que las distintas partes de la liturgia son cantadas por el sacerdote celebrante (las oraciones, el prefacio), el cantor (el salmo responsorial), la *schola* o coro y toda la asamblea (v. gr. Kyrie, Gloria y el canto de entrada)

---

*de la Iglesia* (Buenos Aires: Paulinas, 1998).

3. Erik M. Heen y Phili D. W. Krey, eds., *Hebrews*, en *Ancient Christian Commentary on Scripture* (ed. Thomas C. Oden), New Testament, vol. 10 (Downers Grove, IL: InterVarsity Press, 2005), 30. En español: *Hebreos* en La *Biblia Comentada por los Padres de la Iglesia*, N.T. 10, (Madrid: Ciudad nueva, 2009).

4. Joseph Ratzinger, *El espíritu de la liturgia. Una introducción*, trad. de Enrique Canas (Madrid: Cristiandad, 2001), 155 (énfasis del autor).

(ver MS, 5). La unión de voces contribuye a la "unión de corazones" uno de los modos en los que, aun siendo muchos, formamos un solo cuerpo en Cristo. Así mismo el canto "eleva la mente más fácilmente a las realidades celestiales a través del esplendor de los ritos" (MS, 5). San Juan Crisóstomo enfatizó esta dimensión en la exhortación "Levantemos el corazón"; "Que nadie tenga ningún pensamiento terrenal, sino que se pierda de toda cosa terrena y se transporte entera y completamente al cielo. Que more ahí al lado del mismo trono de la gloria, volando con los serafines y cantando el canto santísimo del Dios de gloria y majestad".[5]

Como indicábamos antes, la liturgia terrena es una participación en la liturgia celestial. La música es un aspecto importante de dicha celebración. En palabras del Concilio Vaticano II, "cantamos al Señor el himno de gloria con todo el ejército celestial" (SC, 8). San Juan Crisóstomo describía esta dimensión de la liturgia: "Piensen ahora en qué tipo de coro van a entrar. Aunque revestidos de un cuerpo, han sido hallados dignos de unirse a las Potestades del Cielo para cantar las alabanzas de quien es el Señor de todo".[6] La música y el canto, junto con las imágenes sagradas, manifiestan la dimensión celestial de la liturgia terrena. A través del canto, toda la liturgia se convierte en un "signo más llamativo de la celebración por venir en la Jerusalén celestial" (MS, 5).

La música en la liturgia es una rica y poderosa potadora del poder salvífico y santificador de Cristo de muchas maneras. Ayuda a la oración. Manifiesta el misterio de la Iglesia, que es al mismo tiempo jerárquica y unida. Nos ayuda a elevar nuestras mentes a las cosas del cielo. Por el canto, nos unimos al coro celestial que nunca cesa de cantar las alabanzas de Dios (cf. Ap 4:8). El canto litúrgico es "un signo del amor de Dios por nosotros y de nuestro amor por Él" (CAS, 2), uno de los signos sacramentales por los que somos llevados a la unidad con la Trinidad y de unos con otros, somos santificados y damos gloria a Dios.

## La señal de la cruz

Los gestos son otro tipo de signo litúrgico. Quizá uno de los signos más comunes y familiares en toda celebración sacramental sea la señal de la cruz. Es un gesto cristiano muy antiguo. Tertuliano (ca. 200) veía la señal de la cruz prefigurada en Ezequiel 9:4, en la que el Señor ordenó al profeta

---

5. Jean Daniélou, *The Angels* (*La misión*), 62.
6. Daniélou, 62.

ir a Jerusalén para marcar en la frente a aquellos "que se duelen y lamentan de todas las abominaciones que allí se practican". Esta es la explicación de Tertuliano:

> Cristo anunció que sus santos sufrirían igualmente con él, tanto los apóstoles como todos los fieles en sucesión, y los marcó con el mismo sello del que habló Ezequiel: "El Señor me habló y me dijo; cruza la puerta, vete al medio de Jerusalén y marca con una Tau las frentes de los hombres". Ahora bien, la letra griega *Tau* y nuestra propia letra T tienen la misma forma de la cruz, que él predijo sería el signo en nuestras frentes de la verdadera católica Jerusalén, donde, según el Salmo 23, los hermanos de Cristo o hijos de Dios darían gloria a Dios Padre, en la persona del mismo Cristo, dirigiéndose al Padre: "Anunciaré tu nombre entre mis hermanos, en medio de la asamblea te cantaré mi alabanza".[7]

También describe la frecuencia con que los primeros cristianos hacían la señal de la cruz: "En cada paso y movimiento adelante, al salir y entrar, al vestirse y calzarse, al bañarse, al sentarse a la mesa, cuando encendemos las lámparas, en sillón, en silla, en todas las acciones ordinarias de la vida diaria, trazamos en la frente el signo".[8] Por la señal de la cruz, anunciada en la profecía del Antiguo Testamento, y cumplida en Cristo, los cristianos proclaman su fidelidad al Dios uno y trino, simbolizado en la señal de la cruz.

Un siglo y medio más tarde, san Cirilo de Jerusalén explicaba la señal de la cruz también a cristianos recién bautizados. En primer lugar, es una confesión de fe: "No nos avergoncemos, pues, de confesar al Crucificado. Que la cruz sea nuestro sello hecho con valentía por nuestros dedos en nuestra frente y en todo".[9] Los cristianos la usaban todavía para santificar los momentos y acontecimientos de la vida diaria: "Sobre el pan que comemos, las copas que bebemos, nuestras entradas y salidas, antes de dormir, al acostarnos y al levantarnos; cuando estamos de

7. Tertuliano, *Adv. Marcionem*, en *The Ante-Nicene Fathers: Translations of the Writings of the Fathers Down to AD* 325 [Los Padres ante-nicenos], vol. 3, ed. Alexander Roberts, DD, y James Donaldson, LLD (Grand Rapids, MI: Eerdmans Publishing Company, 1980), 340–341.

8. Tertuliano, *De corona militis,* en *The Ante-Nicene Fathers: Translations of the Writings of the Fathers Down to AD 325* [Los Padres ante-nicenos], vol. 3, ed. Alexander Roberts, DD, y James Donaldson, LLD (Grand Rapids, MI: Eerdmans Publishing Company, 1980), 94–95.

9. Cirilo de Jerusalén, "Discursos catequéticos. Discurso XIII" en *A Select Library of Nicene and Post Nicene Fathers of the Christian Church* [Biblioteca selecta de los Padres nicenos y postnicenos de la Iglesia cristiana], Second Series, vol. 7, ed. Philip Schaff y Henry Wace (Grand Rapids, MI: Eerdmans Publishing Company, 1983), 92.

camino y cuando estamos quietos".[10] San Cirilo también describe la fuerza de la señal de la cruz para mantener seguros a los cristianos contra los males y los ataques del enemigo: "Es grande este remedio: no tiene precio, para el bien de los pobres; no da trabajo, para los enfermos; ya que su gracia también es de Dios. Es el signo de los fieles y el espanto de los demonios: porque él triunfó sobre ellos en ella, habiendo sido hecho espectáculo abiertamente (cf. Col 2:15); porque cuando ven la cruz recuerdan al Crucificado; se atemorizan de él, que hirió las cabezas del dragón".[11] No deberíamos menospreciarla porque es gratis, concluye, porque por esa misma razón honramos al dador generoso. Por este sencillo gesto nosotros también podemos profesar nuestra fe, santificar los acontecimientos de nuestra vida diaria e invocar el poder de Dios.

Como en otros muchos signos litúrgicos, la señal de la cruz expresa una gran riqueza de significados. Es la marca de los celosos de la santidad y la gloria de Dios y un signo del poder de Dios expuesto en la cruz de Cristo. La descripción de san Cirilo de la señal de la cruz es una gran defensa y arma contra el enemigo y es un maravilloso ejemplo de cómo un signo sacramental hace presente la realidad que significa. La señal de la cruz verdaderamente nos permite "entrar en el poder de bendición de Jesucristo".[12]

### La señal de la cruz en los sacramentos

¿Dónde, con cuánta frecuencia y quién hace la señal de la cruz durante la misa?

¿Cuál es el significado de cada una de estas señales de la cruz?

## El silencio

Otro tipo distinto de signo litúrgico es el silencio. En la *Constitución sobre la sagrada liturgia*, el Concilio Vaticano II lo enumeró como uno de los elementos de participación activa: "Para promover la participación activa, se fomentarán las aclamaciones del pueblo, las respuestas, la salmodia, las antífonas, los cantos y también las acciones o gestos y posturas

10. Cirilo, 92.
11. Cirilo, 92.
12. Joseph Ratzinger, *El espíritu de la liturgia*, 208.

corporales. Guárdese, además, a su debido tiempo, un silencio sagrado" (SC, 30). El silencio litúrgico no es solo la ausencia de palabras, o una simple pausa o interludio. "Más bien, es la quietud, la calma de los espíritus, el tomar tiempo y espacio para escuchar, asimilar y responder... El diálogo entre Dios y la comunidad de fe que toma lugar por el Espíritu Santo requiere intervalos de silencio, adecuados a la congregación, para que puedan profundizar en su corazón la palabra de Dios y responder en oración" (IOM, 48). Destaca especialmente el leguaje de relación y encuentro: escuchar la palabra de Dios que se dirige a nosotros, entendiéndola y respondiendo a Quien nos ha hablado. El silencio, por tanto, facilita la relación con la Santísima Trinidad y se convierte en una comunión mayor con el Padre por el Hijo bajo la acción del Espíritu Santo.

El propósito del silencio litúrgico varía. Durante la misa, por ejemplo, en el Acto penitencial y después de la invitación a orar antes de la Oración colecta, proporciona una oportunidad para la reflexión personal. Después de las lecturas o de la homilía, crea un espacio para la meditación sobre la palabra proclamada. El silencio después de la Comunión es un momento para la oración y la alabanza. "Es, de hecho, el momento para un diálogo íntimo con el Señor, que se nos ha dado, para el necesario 'comunicarse'... sin el cual la Comunión exterior se convierte en un puro rito y se convierte en algo estéril".[13] Santa Teresa de Ávila exhortaba a sus monjas a pasar tiempo en oración después de recibir la Comunión: "Estaos vos con él de buena gana. No perdáis tan buena sazón de negociar como es la hora después de haber comulgado... Este, pues, es buen tiempo para que os enseñe nuestro Maestro, y que le oigamos y besemos los pies porque nos quiso enseñar, y le supliquéis no se vaya de con vos" y antes ya dijo: "¿Qué hay que dudar que hará milagros estando tan dentro de mí, si tenemos fe, y nos dará lo que le pidiéremos, pues está en nuestra casa?", preguntaba, "Y no suele Su Majestad pagar mal la posada, si le hacen buen hospedaje" (*Camino de perfección*, 34, 10 y 8). El silencio en distintos momentos de la liturgia desarrolla nuestra docilidad al Espíritu Santo.

El silencio durante la liturgia puede ser desafiante, o incluso incómodo. "Nuestro tiempo no favorece el recogimiento, y se tiene a veces la impresión de que hay casi temor de alejarse de los instrumentos de comunicación de masa, aunque solo sea por un momento" (VD, 66).

13. Ratzinger, 235.

Esto requiere una catequesis especial sobre el significado del silencio en la liturgia para poder redescubrir "el sentido del recogimiento y del sosiego interior. La gran tradición patrística nos enseña que los misterios de Cristo están unidos al silencio, y sólo en él la Palabra puede encontrar morada en nosotros, como ocurrió en María, mujer de la Palabra y del silencio inseparablemente. Nuestras liturgias han de facilitar esta escucha auténtica" (VD, 66). En palabras del gran doctor español san Juan de la Cruz, "Una palabra habló el Padre, que fue su Hijo, y ésta habla siempre en eterno silencio, y en silencio ha de ser oída del alma".[14]

### El silencio

La Iglesia sugiere silencio durante la misa en siete momentos distintos:

1. Antes de comenzar la misa (IGMR, 45)
2. Antes del Acto penitencial (IGMR; 54)
3. Después de la invitación a orar (antes de la Oración colecta) (IGMR, 54)
4. Antes de la Liturgia de la Palabra (IGMR, 56)
5. Después de la primera y de la segunda lecturas (IGMR, 56)
6. Después de la homilía (IGMR, 56)
7. Después de la Comunión

¿En cuáles de estos momentos es el silencio más significativo para usted?

## El movimiento

El movimiento es otro signo litúrgico importante. Los movimientos prescritos de los ministros y del pueblo manifiestan aspectos importantes de la realidad sacramental que se está celebrando. Un buen ejemplo es el sacramento del Bautismo. Uno de los frutos del Bautismo es que quien lo recibe es incorporado a la Iglesia de Cristo. Esta realidad sacramental se manifiesta a través de los movimientos y estaciones del rito, lo que Douglas Martis llama la "geografía del sacramento". Normalmente

14. San Juan de la Cruz, *Avisos espirituales*, 21, en *Obras completas*, edición crítica preparada por Eulogio Pacho © Monte Carmelo (disponible en https://pdfcoffee.com/-san-juan-de-la-cruz-obras-completas-pdf-4-pdf-free.html; acceso el 16 de diciembre de 2021).

comienza a la puerta de la iglesia, significando que se está pidiendo pertenencia a la Iglesia. A todos se les da la bienvenida; a los padres se les pregunta y el niño es signado en la frente, y se celebra la liturgia de la palabra en la nave, seguida por la oración de exorcismo y la unción prebautismal. A la entrada de la iglesia, estos ritos iniciales preparan para la pertenencia a la Iglesia.

Después de la unción con el óleo de los catecúmenos, el bautizando va a la pila bautismal para la celebración del sacramento: la bendición del agua bautismal, la renuncia al pecado y la profesión de fe, el bautismo, el revestimiento con la vestidura blanca, la entrega de la vela encendida, y la oración sobre los oídos y la boca. A través de estos ritos, se perdonan los pecados del niño y se convierte en hijo de Dios, templo del Espíritu Santo y miembro de la Iglesia de Cristo. Esta realidad sacramental se significa a continuación con la procesión hacia el altar, que también manifiesta que el bautismo se orienta hacia la comunión eucarística. Aquí la asamblea recita el Padrenuestro, recibe una bendición del celebrante, y es despedida. El Rito del bautismo por tanto tiene lugar en tres estaciones diferentes: a la entrada de la iglesia, en la pila bautismal y ante el altar, con lo cual se manifiesta físicamente la realidad espiritual que se representa.

Los movimientos son también parte importante de la Eucaristía. La misa incluye cuatro procesiones distintas: la de entrada, la procesión con el Evangeliario, la de las ofrendas y la procesión para la Comunión. Con excepción de la procesión del Evangelio, todas las procesiones comienzan en la nave y avanzan hacia el presbiterio. Esto refleja el simbolismo del edificio de la iglesia. El presbiterio es el cumplimiento del santo de los santos del Antiguo Testamento, así como una imagen de la Jerusalén celestial, la morada de Dios. La nave es la morada del pueblo de Dios. "Desde esta perspectiva, la procesión representa la peregrinación del pueblo de Dios a su patria celestial; representa la unión de Dios y el hombre, ahora comenzada en gracia y progresando hacia su perfección en la gloria".[15]

Miremos con detenimiento la procesión con las ofrendas de pan y vino y dinero que sigue a la Oración universal. Normalmente comienza en la nave y avanza al presbiterio donde el sacerdote recibe los dones.

---

15. John Mary Burns, "The Procession of the Ordo Missae: Liturgical Structure and Theological Meaning" [La procesión del *Ordo Missae*: Estructura litúrgica y significado teológico], *Antiphon* 13, 2 (2009), 162.

La procesión muestra un rico simbolismo. Expresa la participación de la congregación en la Eucaristía, que se expresa óptimamente "si la procesión pasa por en medio de ellos" (IOM, 105). También manifiesta "el corazón contrito y humillado, el desprendimiento propio que es necesario para hacer una verdadera ofrenda, que el Señor Jesús dio a su pueblo para ofrecerla por él. La procesión con los dones expresa nuestra ardiente voluntad de entrar en el 'santo intercambio' con Dios: 'acepta las ofrendas que nos has dado, para que nosotros podamos recibir el don de ti mismo' (Oración sobre las ofrendas)" (IOM, 105).

Esta procesión es también una forma de intercesión por el mundo, como explica el papa Benedicto XVI: "En realidad, este gesto humilde y sencillo tiene un sentido muy grande: en el pan y el vino que llevamos al altar toda la creación es asumida por Cristo Redentor para ser transformada y presentada al Padre. En este sentido, llevamos también al altar todo el sufrimiento y el dolor del mundo, conscientes de que todo es precioso a los ojos de Dios" (SacCar, 47). Así lo que podría parecer una acción estrictamente funcional, es de hecho un movimiento con un profundo significado y fuerza espirituales. Expresa la participación de la asamblea en la misa, la humildad y contrición de todo el pueblo de Dios, su voluntad de ofrecerse a sí mismos y su intercesión por todo el mundo.

El movimiento por tanto es uno de los modos en que la liturgia implica a toda la persona. También revela la sacramentalidad del edificio de la iglesia y efectúa la participación de los fieles en la liturgia. Nos recuerda que somos "extranjeros y peregrinos" (1 Pe 2:11), cuya "ciudadanía está en el cielo" (Flp 3:20) hacia donde marchamos como "Iglesia, peregrina en la tierra" (*Misal Romano,* Plegaria eucarística III, n. 113). Por último, el movimiento litúrgico ayuda a formar en nosotros las disposiciones necesarias para una participación fecunda en las celebraciones sacramentales.

## El incienso

La liturgia también utiliza distintos tipos de signos materiales, por ejemplo, agua, aceite y pan. El incienso es uno de los signos materiales empleados en muchas celebraciones litúrgicas. Se recomienda para la celebración más solemne de la Eucaristía, durante la exposición y bendición con el Santísimo, el Rito de dedicación de una iglesia y un altar, en las celebraciones solemnes de Laudes y Vísperas, funerales, y en "las procesiones que se hacen con solemnidad" (ver CO, 86–89). El incienso es otro tipo de lenguaje litúrgico, otro modo como la liturgia implica a toda la persona, porque incluye nuestros sentidos de vista y olfato. Por esta razón, la Iglesia exhorta usarlo "en cantidades suficientes como para ser vistas y olidas" (IOM, 58).

Siendo un signo litúrgico, el incienso tiene ricos significados. En primer lugar y principalmente, es un signo de oración. Este significado está enraizado en el Antiguo y el Nuevo Testamentos. El salmista suplicaba al Señor "que mi oración suba hasta ti como el incienso" (Salmo 141:2). San Juan lo veía en la liturgia celestial: "Vino otro ángel que se ubicó junto al altar con un incensario de oro y recibió una gran cantidad de perfumes para ofrecerlos junto con la oración de todos los santos" (Apocalipsis 8:3). También simboliza los dones de la Iglesia elevándose hacia el Padre. Durante la misa, los dones del altar, así como la cruz y el altar son incensados "para significar que la ofrenda de la Iglesia y su oración suben ante el trono de Dios como incienso" (IGMR, 75). Además, el incienso es un signo de la dignidad del ministerio ordenado, así como del sacerdocio de los bautizados: "El sacerdote, en virtud del ministerio sagrado, y el pueblo, en virtud de la dignidad bautismal, pueden ser incensados por el diácono u otro ministro" (IGMR, 75). El incienso es también una expresión de reverencia, "un signo de respeto y honor" (IOM, 58) ante Cristo. Además, recuerda la columna de nube (cf. Éxodo 13:21) por la que Dios condujo a Israel en el desierto, la propia nube simbolizando "la gloria de Dios y la presencia en medio de los israelitas" (IOM, 58). De este modo, "sugiere tanto la transcendencia del Dios transcendente y... puede contribuir poderosamente al sentido del misterio" (IOM, 58).

El incienso en la liturgia expresa muchos significados. Significa las oraciones y dones de la asamblea elevándose a Dios. Reconoce a Cristo presente como Cabeza (en el ministerio ordenado) y Cuerpo (todos los bautizado). Es un signo de la dignidad de los ministros ordenados y del sacerdocio de los bautizados que juntos celebran la liturgia como Cabeza y Cuerpo de Cristo. También implica otro de nuestros sentidos, contribuyendo a la participación de toda la persona. Finalmente, refleja la reverencia a Cristo y la transcendencia de Dios presente en medio de su pueblo, enriqueciendo la solemnidad y el misterio de la liturgia.

> **Incienso**
>
> Durante la misa, el incienso se puede usar en cinco momentos: la procesión de entrada, los ritos iniciales, la proclamación del Evangelio, la preparación de las ofrendas y la elevación de las especies eucarísticas después de la consagración.
>
> ¿Cuál es el significado del incienso en cada uno de estos momentos?

## Los colores litúrgicos

El último signo litúrgico que examinaremos es el color. El papa Inocencio III (1198–1216) fue el primero que determinó colores específicos para días específicos y sus elecciones son las que aún se mantienen: blanco, rojo, verde y negro. Sin embargo, fue con el misal de 1570 cuando por primera vez apareció un esquema de colores litúrgicos obligatorios. Los colores litúrgicos aprobados en los Estados Unidos son el blanco, el rojo, el verde, el violeta o morado, el negro y el rosa; el oro y el plata son para "ocasiones de mayor solemnidad" (IGMR, 346). En la liturgia, los colores contribuyen a la expresión del "las características de los misterios de fe que se celebran" (IGMR, 345), que consideraremos ahora.

El blanco es un símbolo de Dios, que mora en una luz inaccesible (cf. 1 Tm 6:16) y de Cristo "la luz del mundo" (Juan 8:12). Por tanto, se usa en tiempo de Navidad, Pascua, la solemnidad de la Santísima Trinidad y las celebraciones del Señor (excepto la Pasión). Es también signo de pureza, así que también se utiliza en las celebraciones de la Bienaventurada Virgen María, los ángeles y los santos que no fueron mártires. También se usa en unas cuantas celebraciones litúrgicas más, como la de Todos los Santos (1 de noviembre) y la fiesta de la Conversión de san Pablo (25 de enero).[16] Finalmente, el blanco es signo de alegría, así que se usa en las procesiones con el Santísimo Sacramento, y en los sacramentos del bautismo y la confirmación (si no se usa el rojo), la unción de los enfermos y el Viático. La alegría de los ángeles en el nacimiento

16. Las celebraciones litúrgicas se categorizan según su importancia. Las más importantes son las solemnidades, como la Inmaculada Concepción de la Bienaventurada Virgen María (8 de diciembre), que comienzan en la vigilia del día anterior. Segundas en importancia son las fiestas, como la fiesta de la Transfiguración (6 de agosto). En tercer lugar, las memorias, que pueden ser obligatorias u opcionales.

de Cristo, su resurrección victoriosa sobre el pecado y la muerte, el esplendor de la Santísima Trinidad y la pureza y brillo de los santos, encuentran expresión en el color blanco.

Como el blanco, el rojo también significa diversos aspectos de la fe. Es el color del fuego, que es una de las imágenes bíblicas del Espíritu Santo (cf. Hech 2:3) y por eso se usa el Domingo de Pentecostés y en las celebraciones del sacramento de la confirmación dentro de misa. Como color de la sangre, significa el sufrimiento del Señor y de los santos, y por eso se usa el Domingo de Ramos, el Viernes Santo, las celebraciones de la Pasión del Señor y también en las celebraciones de santos que fueron mártires. El rojo es para nosotros signo del sufrimiento de Cristo por nosotros y con nosotros, del fiel y valiente testimonio de los mártires y del "don que contiene todos los dones: el Espíritu Santo" (CEC, 1082).

El verde, color de la primavera, de nuevo crecimiento y de esperanza, se usa en el Tiempo Ordinario, especialmente "en los domingos ordinarios del año, que son conmemoración del gran Domingo de la Resurrección en que la esperanza regresó al mundo".[17] El color violeta o morado es signo de dolor, luto, penitencia, y arrepentimiento. Por tanto, se utiliza en Adviento y Cuaresma, así como en el sacramento de la Penitencia. El rosado, un signo de alegría callada, se usa durante los tiempos penitenciales de Adviento (el domingo *Gaudete*, tercer domingo de Adviento) y Cuaresma (el domingo *Laetare*, cuarto domingo de Cuaresma). Aunque el blanco se emplea muy comúnmente en los funerales, el violeta y el negro, símbolo de luto y muerte, también están permitidos.

Además de expresar el carácter específico de los misterios litúrgicos, los colores litúrgicos también dan "el sentido progresivo de la vida cristiana a lo largo del año litúrgico" (IGMR, 345). "El año litúrgico es el desarrollo de los diversos aspectos del único misterio pascual" (CEC, 1171). En el curso del año litúrgico, la Iglesia recuerda "los misterios de la redención… (y) abre las riquezas del poder santificador y de los méritos de su Señor, de tal manera que, en cierto modo, se hacen presentes en todo tiempo para que puedan los fieles ponerse en contacto con ellos y llenarse de la gracia de la salvación" (SC, 102). Sin embargo, el año litúrgico, que comienza en Adviento, no se desarrolla de un modo estrictamente cronológico (si lo hiciera, la Pascua se celebraría al final del año en lugar de en mitad de éste). Más bien,

17. Virgil Michel, *The Liturgy of the Church* [La liturgia de la Iglesia] (New York: McMillan, 1987), 77.

> a partir del "Triduo Pascual", como de su fuente de luz, el tiempo nuevo de la Resurrección llena todo el año litúrgico con su resplandor. El año, antes y después de esta fuente, queda progresivamente transfigurado por la liturgia. Es realmente 'año de gracia del Señor' (cf. Lucas 4:19). La economía de la salvación actúa en el marco del tiempo, pero desde su cumplimiento en la Pascua de Jesús y la efusión del Espíritu Santo, el fin de la historia es anticipado, como pregustado, y el Reino de Dios irrumpe en el tiempo de la humanidad (CEC, 1168).

El paso del tiempo ahora transfigurado por el "tiempo nuevo de la Resurrección" encuentra expresión en el uso litúrgico del color. El esplendor de la resurrección se significa por el uso del blanco, dorado o plateado en todo el Tiempo Pascual. El uso del violeta o morado en los cuarenta días que llevan al triduo nos ayuda a prepararnos para el gran acontecimiento por medio del dolor, la contrición, y la penitencia. El verde del Tiempo Ordinario que precede a la Cuaresma y sigue a la Pascua es signo de esperanza y fe a medida que los acontecimientos de la vida del Señor, que encuentran su fuerza y plenitud definitivas en la era de la resurrección, y las riquezas de la fuerza y los méritos de nuestro Señor, se hacen presentes litúrgicamente. Finalmente, el esplendor sobreabundante del Triduo regresa al carácter penitencial y de expectativa de Adviento, expresado por el uso de vestiduras violetas o moradas, mientras que también se lanza a la culminación radiante del año litúrgico, la solemnidad de Cristo Rey, simbolizada por el blanco, plateado o dorado. De este modo vemos como los colores litúrgicos expresan visualmente nuestro peregrinar hacia nuestra patria celestial.

Los colores litúrgicos se combinan con otros signos litúrgicos para hacer presentes los diversos aspectos del único misterio pascual. Juntos caracterizan el misterio central de nuestra fe: el misterio pascual. Dentro de los tiempos fuertes del año litúrgico: Adviento, Navidad, Tiempo Ordinario, Cuaresma y Pascua, se expresan los distintos acontecimientos y misterios de la vida de Cristo y de los santos. En la liturgia, los colores contribuyen a la expresión de "las características de los misterios de la fe que se celebran" (IGMR, 345), ayudándonos a entrar en la liturgia con todo nuestro ser.

**El color litúrgico**

¿Cuál es el color litúrgico para estas celebraciones?

Asunción de la Virgen María (15 de agosto)

Exaltación de la Santa Cruz (14 de septiembre)

La Cena del Señor (Jueves Santo)

Cristo Rey (último domingo del Tiempo Ordinario)

Sagrado Corazón de Jesús (viernes después del segundo domingo después de Pentecostés)

## El rito esencial

Durante siglos la Iglesia, con lenguaje de la teología escolástica medieval, ha identificado dos elementos necesarios para la celebración de todo sacramento, *materia* y *forma*. La materia es el elemento material, visible requerido (por ejemplo: agua para el bautismo, vino y pan sin levadura para la Eucaristía) y la forma es la oración que acompaña y explica a la materia. En el caso del sacramento de la Penitencia y la Reconciliación, la materia "no es una cosa simple, pues no existe un elemento inmediatamente visible al que la palabra creativa puede otorgar significado salvífico".[18] La Iglesia considera los actos del penitente, a saber: confesión, contrición y satisfacción, la cuasi materia[19] (cuasi significa "como si") del sacramento. Parecidamente, el sacramento del matrimonio carece de un elemento visible que constituya la materia: "la materia es el recíproco darse (*traditio*) de los esposos. La forma es la mutua aceptación (*acceptatio*) que debe ser expresada con palabras o señales".[20] Como ilustran estos ejemplos, los términos materia y forma describen más claramente los elementos clave de unos sacramentos que los de otros.

El *Catecismo de la Iglesia Católica* no utiliza el lenguaje escolástico de materia y forma, refiriéndose en cambio al "rito esencial". Por ejemplo, el rito esencial para el bautismo es la triple inmersión en el agua bautismal, o el triple derramamiento de agua, la materia, junto con las

18. Paul Haffner, *El misterio sacramental*, trad. de Rodrigo Frías, (Herefordshire, UK: Gracewing, 2007), 171.

19. Cf. Haffner 171.

20. Haffner 273.

palabras, "N. yo te bautizo en el nombre del Padre, y del Hijo y del Espíritu Santo", la forma (CEC, 1239–1240). Si el rito esencial se cambia u omite, el sacramento es inválido, es decir, nunca tuvo lugar. Al discutir los sacramentos uno por uno, usaremos el lenguaje del *Catecismo*, el rito esencial, en lugar del lenguaje escolástico de materia y forma.

## ARMONÍA DE SIGNOS

Mientras que los signos litúrgicos individuales constituyen un lenguaje litúrgico complejo que apela a los distintos sentidos e implica a toda la persona, también se combinan de manera armoniosa para hacer presente el misterio pascual de Cristo en toda su riqueza. Por esta razón, el *Catecismo* habla de "la armonía de los signos" (CEC, 1158), de modo que palabras y silencio, movimientos y gestos, cantos y música, vista y olfato, se combinan para hacer presente el Misterio pascual en toda su plenitud.

El *Catecismo* cita la contemplación las sagradas imágenes, "unida a la meditación de la Palabra de Dios y al canto de himnos litúrgicos, forma parte de la armonía de los signos de la celebración para que el misterio celebrado se grabe en la memoria del corazón y se exprese luego en la vida nueva de los fieles" (CEC, 1162). Aquí vemos cómo tres signos litúrgicos, las imágenes sagradas, las Escrituras y la música sacra, juntos hacen presente un acontecimiento específico ("el misterio celebrado") de la vida de nuestro Señor (por ejemplo, su natividad, transfiguración, y resurrección) o de la Bienaventurada Virgen María (por ejemplo, en la anunciación, la visitación, o al pie de la cruz) que pueden transformar la vida de los fieles.

Aunque hemos considerado ejemplos de distintos tipos de signos que comprenden el lenguaje de la liturgia, estos elementos no ocurren aisladamente. Más bien se combinan de maneras distintas, pero complementarias para hacer presente el único misterio pascual de Cristo por el que el Padre nos atrae a la vida Trinitaria de amor por su Hijo amado en el Espíritu Santo. Cuando más comprendemos y apreciamos el sentido y armonía de los diferentes signos, más eficazmente somos capaces de participar plena, activa y conscientemente en la liturgia para nuestra santificación y la gloria de Dios.

### La armonía de los signos

Un ejemplo de la armonía de signos familiar a todos los católicos es el rito de la Comunión en la misa. El recibir el Cuerpo y la Sangre del Señor "en una comida pascual es la culminación de la Eucaristía" (IOM, 125). El rito de la Comunión se compone de los siguientes elementos: la Oración del Señor, el Rito de la paz, la Fracción del pan, la Comunión (incluyendo la procesión), el canto de Comunión y la Oración después de la Comunión. Mientras que cada elemento es rico en significado, "en el contexto de la celebración total constituyen juntos una transición de un culmen, la Plegaria eucarística, a otro, el compartir la Sagrada Comunión" (IOM, 125).

1. ¿Cuáles de los signos y símbolos litúrgicos comentados en los capítulos 1 y 2 están presentes en el Rito de Comunión? Considere cosas como palabras, silencio, movimiento, color, postura, imágenes y canto.
2. ¿Cómo contribuyen estos distintos signos litúrgicos a la eficacia de esta parte de la misa?
3. ¿Qué podría impedir o distraer la armonía de los signos?

## Conclusión

En una de sus cartas de Jueves Santo, san Juan Pablo II animó a los pastores a instruir a los fieles sobre el significado de los signos y símbolos de la liturgia, "que ayuda a descubrir el sentido de los gestos y palabras de la Liturgia, orientando a los fieles a pasar de los signos al misterio y a centrar en él toda su vida" (MND, 17). Esta exhortación resume elocuentemente la naturaleza dinámica del lenguaje de la liturgia. Los signos y símbolos de la liturgia "contienen" el misterio que significan. Sin embargo, sólo cuando entendemos los signos y símbolos litúrgicos podemos "pasar de los signos al misterio que contienen" porque "Una vez que las mentes están iluminadas y los corazones enfervorizados, los signos 'hablan'" (MND, 14). Esta es la esencia de una participación plena, activa y consciente en la liturgia: pasar de sus signos visibles al encuentro con la Santísima Trinidad y la fuerza del Misterio pascual que contienen y hacen presente.

Capítulo 3

# Del signo al misterio: la catequesis mistagógica

Como hemos visto en los capítulos anteriores, por la fe de la Iglesia y el poder del Espíritu Santo, Dios nos comunica los frutos del Misterio pascual de Cristo por medio de un lenguaje litúrgico rico y variado que implica a toda la persona. Nuestro desafío es dominar el lenguaje de la liturgia, una tarea, "particularmente urgente en una época como la actual, tan imbuida por la tecnología, en la cual se corre el riesgo de perder la capacidad perceptiva de los signos y símbolos" (SacCar, 64). Es tarea de los catequistas litúrgicos "introducir en el Misterio de Cristo (es 'mistagogia') procediendo de lo visible a lo invisible, del signo a lo significado, de los 'sacramentos' a los 'misterios'" (CEC, 1075). Este tipo de catequesis se llama *mistagogia*, de la palabra griega para la persona que conducía al iniciado hacia el misterio. Su meta es llevar a la gente de los signos a las realidades espirituales que significan.

San Juan Pablo II animaba a este tipo de catequesis. "Los Pastores deben dedicarse a la *catequesis "mistagógica"*, tan valorada por los Padres de la Iglesia, la cual ayuda a descubrir el sentido de los gestos y palabras de la Liturgia, orientando a los fieles a pasar de los signos al misterio y a centrar en él toda su vida" (MND, 17, cursivas originales). Afirma el tema del capítulo anterior: los signos litúrgicos contienen el misterio que significan. El papa Francisco, hablando específicamente de los sacramentos de iniciación, también ha animado a un enfoque mistagógico para la catequesis que implica a toda la comunidad y abre el significado de los signos litúrgicos. Tal enfoque, escribe el papa Francisco, debería ser parte de la "inserción en un amplio proceso de crecimiento y la integración de todas las dimensiones de la persona en un camino comunitario de escucha y de respuesta" (EG, 166). Entender las palabras y acciones de la liturgia nos permite pasar de los signos externos y las acciones de la liturgia a la realidad espiritual y la fuerza que contienen. Los sacramentos tienen la fuerza de transformar totalmente todos los aspectos de nuestra vida.

La catequesis mistagógica es una parte de la tradición de la Iglesia, un método de catequesis "tan valorada por los Padres de la Iglesia" (MND, 17). En los primeros siglos de la Iglesia, después de la recepción de los sacramentos de iniciación, el bautismo, una unción postbautismal que ahora conocemos como confirmación y la primera Eucaristía, los nuevos cristianos recibían una catequesis detallada explicando el significado de los sacramentos y la significación de las palabras y acciones del rito que acababan de recibir. El objetivo de esta catequesis mistagógica no era preparar a las personas a recibir los sacramentos, sino más bien ayudarlas a entender más profundamente los sacramentos que acababan de recibir. El siglo IV fue la edad de oro de la catequesis mistagógica. De este periodo tenemos textos mistagógicos importantes de padres de la Iglesia tan ilustres como san Cirilo de Jerusalén (m. 386), san Ambrosio (m. 397), y san Juan Crisóstomo (m. 407). Los escritos de los padres de la Iglesia siguen instruyéndonos sobre el significado de los sacramentos y constituyen una fuente importante para nuestra exploración de los sacramentos.

El papa Benedicto XVI expandió el énfasis de san Juan Pablo II sobre la catequesis que lleva a la gente al misterio. En *Sacramentum caritatis (El sacramento de la caridad)*, propuso un modelo de catequesis mistagógica que consiste en tres elementos:

1. "La interpretación de los ritos a la luz de los acontecimientos salvíficos, según la tradición viva de la Iglesia… Desde el principio, la comunidad cristiana ha leído los acontecimientos de la vida de Jesús, y en particular el misterio pascual, en relación con todo el itinerario veterotestamentario".
2. La catequesis mistagógica explica el significado de los signos contenidos en los ritos.
3. Debe enfatizar "el significado de los ritos en relación de la vida cristiana en todas sus facetas como el trabajo y los compromisos, el pensamiento y el afecto, la actividad y el descanso"; el resultado final de la mistagogia es tomar conciencia de que la propia vida se transforma progresivamente por los santos misterios que se celebran" (SacCar, 64).

## Raíces en el Antiguo Testamento

La primera parte de una catequesis mistagógica consiste en explicar los ritos a la luz de sus raíces en el Antiguo Testamento. Los sacramentos de la Iglesia son prefigurados por personajes del Antiguo Testamento (Adán, José, Isaac, y David, por ejemplo, anunciaron de distintas maneras la persona y la obra de Cristo), y los acontecimientos, tales como la unción, la consagración de reyes y sacerdotes, sacrificios, la imposición de las manos y, sobre todo, la Pascua. "La Iglesia ve en estos signos una prefiguración de los sacramentos de la Nueva Alianza" (CEC, 1150). Las personas y acontecimientos del Antiguo Testamento indican los misterios de Cristo y revelan distintos aspectos de su Misterio pascual. "Porque Él mismo es el sentido de todos estos signos" (CEC, 1151), hay tres fuentes disponibles que revelan las raíces del Antiguo Testamento en cada sacramento:

- El rito mismo
- Las lecturas bíblicas prescritas en el rito para cada sacramento
- El *Catecismo de la Iglesia Católica*

### El rito mismo

El rito mismo es siempre el mejor punto de arranque, porque ésas son las palabras que escuchamos y decimos, los gestos y posturas que adoptamos y los signos y símbolos que nos implican y que nos adentran más en el misterio del sacramento. Como se mencionó antes, la liturgia es uno de los modos principales en que la Iglesia ha transmitido la fe que le confió el Señor. Cristo ha encomendado a la Iglesia la responsabilidad de transmitir "la fe en toda su integridad, para que "la ley de la oración" (*lex orandi*) de la Iglesia corresponda a la "ley de la fe" (*lex credendi*) (VL, 27). Los términos "ley de oración *(lex orandi*) y "ley de la fe" (*lex credendi*) se refieren a un principio que se remonta a Próspero de Aquitania (siglo V). El *Catecismo de la Iglesia Católica* explica este principio: " 'La ley de la oración es la ley de la fe' [O "legem credendi lex statuat supplicandi" ("La ley de la oración determine la ley de la fe"), según Próspero de Aquitania, *Epistulae*, 217, (siglo V): PL 45,1031], la Iglesia cree como ora. La liturgia es un elemento constitutivo de la Tradición santa y viva [cf. DV, 8]" (CEC, 1124). Otro Padre de la Iglesia, san Ireneo (finales del siglo II) expresaba este principio en relación a la misa: "Nuestra manera de pensar armoniza con la Eucaristía y, a su vez, la Eucaristía confirma nuestra manera de pensar [*Adversus haereses*, 4,18. 5]" (CEC, 1327). Desde sus inicios la Iglesia ha comprendido la relación inseparable entre su culto y su fe, y por esta razón el rito sacramental es siempre el mejor punto de entrada para entender el significado del propio sacramento.

Un ejemplo excelente de esto es la Plegaria eucarística I (el Canon Romano) de la misa. Después de la consagración, hay una oración pidiendo a Dios que acepte esta ofrenda, "como aceptaste los dones del justo Abel, / el sacrificio de nuestro padre Abraham / y la oblación pura / de tu sumo sacerdote Melquisedec" (MR, *Ordinario de la misa*, 93). Miremos atentamente al último ejemplo, "la ofrenda de tu sumo sacerdote Melquisedec". El acontecimiento se registra en Génesis 14:17–20. Melquisedec, el rey de Salem, se encuentra con Abraham a su regreso victorioso de una batalla. Melquisedec es descrito como sacerdote, y trae pan y vino y bendice a Abraham, que a su vez entrega a Melquisedec un diezmo de su botín. San Cipriano (m. 258) describía a Melquisedec como "figura de Cristo" (una identificación desarrollada extensamente en la carta a los Hebreos). Cipriano enfatiza la ofrenda de Melquisedec de pan y vino y su bendición de Abraham. "Porque, ¿quién es más un sacerdote del Dios Altísimo", pregunta, "que nuestro Señor Jesucristo, que ofreció un sacrificio a Dios Padre y ofreció las mismas cosas que Melquisedec había ofrecido, pan y vino, que es, en realidad, su cuerpo y sangre?".[1]

### Prefiguras de la Eucaristía en el Antiguo Testamento

Lea los relatos de "los dones de Abel" (Gen 4:1–16) y el "sacrificio de Abraham" (Gen 22:1–19). ¿De qué modos revelan estos relatos distintos aspectos de la Eucaristía?

## Las lecturas bíblicas para cada sacramento

Cada sacramento incluye sugerencias de lecturas del Antiguo Testamento, salmos responsoriales, pasajes de las epístolas del Nuevo Testamento y selecciones apropiadas de los evangelios, todas ellas escogidas para

1. Mark Sheridan, ed., *Genesis 12–20*, en *Ancient Christian Commentary on Scripture* (ed. Thomas C. Oden), Old Testament, vol. 2 (Downers Grove, IL: InterVarsity Press, 2002), 26. En español: *Génesis 12–50*, en *La Biblia Comentada por los Padres de la Iglesia*, A.T. 2 (Madrid: Ciudad nueva, 2005).

enfatizar distintos aspectos del sacramento que se celebra. Por ejemplo, una de las opciones del Antiguo Testamento para el sacramento de la penitencia y reconciliación es 2 Samuel 12:1–9, 13. En este pasaje el profeta Natán confronta al rey David tanto por su relación adúltera con Betsabé como por urdir la muerte de Urías, su esposo. David reconoce sus acciones pecaminosas y Natán replica que Dios ha perdonado su pecado. El relato del Antiguo Testamento es figura de diversos aspectos del sacramento de la penitencia: grave pecado, contrición y el anuncio del perdón a cargo de un representante de Dios.

## El *Catecismo de la Iglesia Católica*

Una tercera fuente para explorar las raíces del Antiguo Testamento para cada sacramento es el *Catecismo de la Iglesia Católica.* Por ejemplo, miremos al sacramento de la reconciliación. El *Catecismo* encuentra en el Antiguo Testamento raíces para este sacramento en el anuncio profético del Mesías ungido por el Espíritu en Isaías 11:2. "Y el Espíritu del Señor descenderá sobre él… espíritu de sabiduría…" (cf. CEC, 1286).[2] La venida del Espíritu Santo sobre Jesús en su bautismo es un signo de que él es el cumplimiento de la profecía de Isaías. Las profecías de otros dos personajes del Antiguo Testamento, Ezequiel (36:25–27) y Joel (3:1–2), afirman que el Espíritu se concedería a todo el pueblo mesiánico (cf. CEC, 1287). "Desde aquel tiempo, los apóstoles, en cumplimiento de la voluntad de Cristo, comunicaban a los neófitos, mediante la imposición de las manos, el don del Espíritu Santo, destinado a completar la gracia del bautismo [cf. Hch 8:15-17; 19:5-6]" (CEC, 1288).

Miremos más detalladamente a un ejemplo de las raíces del bautismo en el Antiguo Testamento según se encuentran en el propio rito en la bendición del agua bautismal. La oración comienza de esta manera (incluyo la rúbrica, que es un signo sacramental importante) (descrito en el capítulo 1).

> *Con las manos extendidas dice:*
> Dios nuestro,
> que con tu poder invisible realizas obras admirables
> por medio de los signos sacramentales
> y has hecho que tu creatura, el agua, signifique
> de muchas maneras la gracia del Bautismo.
> (*Misal Romano*, Vigilia Pascual, Bendición del agua bautismal, 46)

2. La referencia más temprana que tenemos a este pasaje se incluye en la oración para la imposición de manos de san Ambrosio (m. 397).

La estrofa inicial expresa concisamente el principio sacramental: Dios nos comunica el poder y los frutos del Misterio pascual a través de signos sacramentales "realizar obras admirables". En el capítulo 2, mencionábamos que Dios media su presencia entre nosotros a través de signos y símbolos tomados de la cultura humana, el Antiguo Testamento y, en el caso del bautismo, la propia creación: agua. Este párrafo explica además que Dios ha usado el agua "de muchos modos" para expresar la gracia del bautismo. Los siguientes párrafos darán tres ejemplos del Antiguo Testamento de cómo Dios preparó el agua "para significar la gracia del Bautismo". Cada párrafo cita un ejemplo del Antiguo Testamento y explica cómo revela un aspecto específico del bautismo.

El primer acontecimiento del Antiguo Testamento citado en esta oración es el relato de la creación en Génesis 1.

> Dios nuestro,
> cuyo Espíritu aleteaba sobre la superficie de las aguas
> en los mismos principios del mundo,
> para que ya desde entonces
> el agua recibiera el poder de dar vida.
> (*Misal Romano*, Vigilia Pascual, Bendición del agua bautismal, 46)

La referencia aquí es a Génesis 1:2: "El Espíritu del Señor se cernía sobre las aguas". El Espíritu aleteando sobre las aguas se ve como un tipo de epíclesis primitiva (ver capítulo 1) en la que el Espíritu participa al agua el poder santificador. San Jerónimo (m. 420) vio este pasaje como una prefigura del bautismo: "Ya en ese tiempo se prefiguraba el Bautismo".[3] Tertuliano (m. circa 220), en su interpretación de ese pasaje del Génesis, específicamente enfatizaba el poder santificador del agua: "El Santísimo alentaba sobre lo que era santo, o, más bien, sobre lo que recibiría la santidad de aquél que era traído. Por eso la naturaleza del agua, santificada por el Espíritu, recibió la capacidad de ella misma hacerse santificadora. Por eso todas las aguas, por su antigua prerrogativa original, pueden obtener el sacramento de la santificación (Bautismo) por la invocación de Dios".[4] Por el poder del Espíritu, sustancias materiales como el agua pueden recibir el poder de transmitir la santidad.

---

3. Andrew Louth, ed., *Genesis 1—11*, en *Ancient Christian Commentary on Scripture*, ed. Thomas C. Oden, Old Testament, vol. 1 (Downers Grove, IL: InterVarsity Academic Press, 2001), 6. En español: *Génesis 1—11* en *La Biblia Comentada por los Padres de la Iglesia*, A.T. 1 (Madrid: Ciudad nueva, 2003).

4. Jean Daniélou, SJ, *The Bible and the Liturgy* (Notre Dame, IN: University of Notre Dame Press, 1956), 72–73. Ver *Historia de la salvación y liturgia* (Salamanca: Ed. Sígueme, 1965).

La misma oración recuerda el diluvio descrito en Génesis 6 y 7.

> Dios nuestro,
> que incluso en las aguas torrenciales del diluvio
> prefiguraste el nuevo nacimiento de los hombres,
> al hacer que, de una manera misteriosa,
> un mismo elemento diera fin al pecado y origen a la virtud.
> (MR, *Vigilia Pascual*, Bendición del agua bautismal, 46)

Dios, apenado por la maldad de la humanidad, envió un diluvio para destruir todo el vicio al mismo tiempo que preservaba la vida a través de Noé, que era justo e inocente (Gn 6:9). San Agustín vio en el diluvio una prefigura del bautismo: "¿Quién no sabe, de hecho, que en otros tiempos la tierra fue purificada de su mancha por el diluvio? ¿Y que el misterio del santo bautismo, por el que los pecados del hombre fueron lavados por el agua, fue predicado desde antiguo?".[5] A través del bautismo se perdonan nuestros pecados y el don del Espíritu nos capacita para vivir una vida de santidad para Dios.

La última referencia del Antiguo Testamento en la oración de bendición es el éxodo de Israel de Egipto relatado en Éxodo 14.

> Dios nuestro,
> que hiciste pasar a pie, sin mojarse, el Mar Rojo
> a los hijos de Abraham,
> a fin de que el pueblo,
> liberado de la esclavitud del faraón,
> prefigurara al pueblo de los bautizados.
> (MR, *Vigilia Pascual*, Bendición del agua bautismal, 46)

San Pablo, en la Primera carta a los corintios, interpreta el éxodo de Egipto como un tipo de bautismo: "Todos cruzaron el mal y todos fueron bautizados en Moisés en la nube y en el mar" (10:1-2). San Basilio Magno desarrolló esta interpretación: "El mar es la figura del bautismo, ya que libró al pueblo del faraón, como el bautismo de la tiranía del demonio. El mar mató al enemigo y así, en el bautismo, nuestra enemistad con Dios es destruida. El pueblo salió del mar entero y a salvo; nosotros también salimos del agua como hombres vivos de entre los muertos".[6] San Gregorio de Nisa también vio el éxodo como figura del bautismo: "Cuando el pueblo se acerca al agua del renacimiento, al huir de Egipto,

5. Daniélou, 279.
6. Daniélou, 90.

que es el pecado, ellos mismos son liberados y salvados, pero el demonio y todas sus huestes, los espíritus del mal, son destruidos".[7] El bautismo, por tanto, nos libera de la esclavitud al pecado, como el éxodo liberó al pueblo escogido de la esclavitud al faraón egipcio.

Estos tres pasajes del Antiguo Testamento revelan importantes aspectos del sacramento del bautismo. Desde la creación aprendemos que las aguas bautismales reciben del Espíritu el poder de santificar a los creyentes. El bautismo, como el diluvio, pone fin al reino del pecado y principio a la santidad. Finalmente, el bautismo, como el éxodo, nos libera de la esclavitud al pecado y nos lleva a "la gloriosa libertad de los hijos de Dios" (Rom 8:21).

## CATEQUESIS MISTAGÓGICA: EL SIGNIFICADO DE LOS SIGNOS

Una catequesis mistagógica eficaz explica el significado de los distintos signos contenidos en los ritos. Los signos litúrgicos son esenciales porque son "portadores de la acción salvífica y santificadora de Cristo" (CEC, 1189). Es más, necesitamos entender estos signos, porque sólo al entenderlos seremos capaces de pasar de los signos al misterio que contienen. Los sacramentos difieren en su complejidad y en el número y variedad de signos y símbolos. La misa, por ejemplo, emplea muchos más signos litúrgicos que el sacramento de la penitencia y la reconciliación. Además, en tanto que muchos signos son comunes a muchos, si no es que a todos los sacramentos (ver capítulo 2), cada sacramento tiene algunos elementos propios.

Miremos, por ejemplo, un par de signos que comprende el sacramento de la unción de los enfermos cuando se celebra en un hospital o institución. El esquema de este rito es como sigue: Ritos iniciales (Saludo e instrucción), liturgia de la unción (Imposición de las manos, Padrenuestro, oración de unción) y rito conclusivo (Bendición). Aquí consideraremos el signo del aceite de los enfermos, la oración de bendición sobre el aceite y la imposición de manos.

La unción con aceite es un rico signo de sanación. En el Antiguo Testamento el profeta Isaías lamenta las heridas de Israel pecador, que no "se curan con bálsamo" (1:6). El Buen Samaritano del evangelio de

7. Daniélou, 90.

Lucas trató las heridas de su prójimo herido con aceite y vino (cf. Lucas 10:34). En el relato del evangelio de Marcos, Cristo envió a los Doce a continuar su ministerio de sanación y ellos "ungieron con aceite a muchos enfermos y los curaron" (6:13). La carta de Santiago confirma que la primitiva iglesia continuaba este ministerio de sanación: "¿Hay alguien enfermo entre ustedes? Que llame a los presbíteros de la iglesia para que oren sobre él y lo unjan con aceite en el nombre del Señor" (5:14). En su comentario sobre este versículo, Hilario de Arlés dice que "la gracia de su misericordia se simboliza en el aceite".[8] El aceite como signo de sanación es un ejemplo excelente de cómo las Sagradas Escrituras nos ayudan a entender el significado de los signos sacramentales.

El *Catecismo* y el propio rito ofrecen más significados. El *Catecismo* dice que ungir a los enfermos con aceite "expresa sanación y consuelo" (1294). Según el *Cuidado pastoral de los enfermos* (el libro ritual oficial para la unción de los enfermos), la unción de los enfermos con aceite significa no sólo sanación, sino también "curar, fortalecer, y la presencia del Espíritu" (CPE, 107). "El uso que la Iglesia hace del óleo para curar", concluye, "tiene una relación muy íntima con el uso que se le daba como algo medicinal para aliviar y confortar a los enfermos, y para devolverles las energías a los cansados y a los débiles" (CPE, 107).

La oración de bendición sobre el aceite profundiza nuestra comprensión de este signo sacramental y expresa su poder:

> Dios nuestro, Padre de todo consuelo,
> que, por medio de tu Hijo
> quisiste curar las dolencias de los enfermos,
> atiende benignamente la oración que brota de nuestra fe
> y envía desde el cielo tu Santo Espíritu Consolador
> sobre este aceite fecundo,
> que quisiste que un árbol vigoroso ofreciera
> para alivio de nuestro cuerpo;
> de manera que, por tu santa ✠ bendición,
> se convierta, para todo el que sea ungido con él,
> en protección del cuerpo, del alma y del espíritu,

8. Gerald Bray, ed., *James, 1–2 Peter, 1–3 John, Jude*, en *Ancient Christian Commentary on Scripture*, ed. Thomas C. Oden, New Testament, vol. 11 (Downers Grove, IL: InterVarsity Academic Press, 2000), 60. En español: *Santiago, 1–2 Pedro, 1–3 Juan, Judas*, en *La Biblia Comentada por los Padres de la Iglesia*, N.T. 11 (Madrid: Ciudad nueva, 2002).

para quitar todo dolor, toda debilidad,
y toda enfermedad.
(MR, *Apéndice VIII*, Bendición del óleo
de los enfermos, 20)

La plegaria invoca al Espíritu Santo sobre el aceite: "Envía desde el cielo tu Santo Espíritu, Consolador, sobre este aceite fecundo". Esta epíclesis reconoce el aceite como un rico don y fruto de la creación de Dios e infunde al aceite el poder del Espíritu. El signo de la cruz se hace sobre el aceite, solicitando una transformación: "Que por tu santa ✠ bendición se convierta...". Finalmente, la oración expresa la curación total que la Iglesia implora: "Protección del cuerpo, del alma y del espíritu, para quitar dodo dolor, toda debilidad y toda enfermedad". En resumen, "la oración para la bendición del óleo con que se unge a los enfermos nos recuerda, además, que el óleo de la unción es el signo sacramental de la presencia, del poder y de la gracia del Espíritu Santo" (CPE, 107).

En la celebración del sacramento, la persona enferma es ungida en la frente y las palmas de ambas manos con las siguientes palabras: "POR ESTA SANTA UNCIÓN / Y POR SU BONDADOSA MISERICORDIA / TE AYUDE EL SEÑOR CON LA GRACIA / DEL ESPÍRITU SANTO. /... / PARA QUE, LIBRE DE TUS PECADOS, / TE CONCEDA LA SALVACIÓN / Y TE CONFORTE EN TU ENFERMEDAD" (CPE, 124). Estas palabras y acciones son signos esenciales del sacramento. La eficacia de este símbolo sacramental es además aumentada por un uso generoso del óleo "de modo que la persona pueda verlo y sentirlo como un signo de la presencia curativa y confortante del Espíritu" (CPE, 107). La sencillez de estos signos sacramentales indica el poder pascual que comunican.

El último signo de este sacramento que consideraremos es la imposición de las manos. Antes de que el sacerdote unja al enfermo, en silencio, impone las manos sobre su cabeza. Este gesto tiene varios significados. En primer lugar, indica que el receptor es objeto particular de la oración de la Iglesia. En segundo lugar, la imposición de las manos es un signo de bendición, pues "mediante ella pedimos que el poder curativo de la gracia de Dios devuelva la salud a la persona enferma o por lo menos que la fortalezca durante su enfermedad" (CPE, 106). En tercer lugar, es el gesto bíblico de sanación, "el modo propio que utilizaba Jesús para curar" (CPE, 106); (ver, por ejemplo, Marcos 5:23: 6:5, 8:25: 10:16; Lucas 4:40 y 13:13) "todos los que tenían enfermos con diversas afecciones se los llevaron. Él imponía las manos en cada uno y los curaba" (Lucas

4:40). La imposición de las manos y la unción con el óleo bendito son ricos símbolos que expresan el significado salvífico de este sacramento.

## El significado de los ritos para la vida cristiana

El tercer aspecto de una catequesis mistagógica eficaz saca *"el significado de los ritos en relación con la vida cristiana* en todas sus facetas, como el trabajo y los compromisos, el pensamiento y el afecto, la actividad y el descanso. Forma parte del itinerario mistagógico subrayar la relación entre los misterios celebrados en el rito y la responsabilidad misionera de los fieles. En este sentido, el resultado final de la *mistagogia* es tomar conciencia de que la propia vida se transforma progresivamente por los santos misterios que se celebran" (SacCar, 64, cursivas originales). Los sacramentos invitan y nos capacitan para vivir nuestras vidas a imagen de Cristo.

## La gracia sacramental

Los sacramentos tienen el poder de transformar nuestras vidas porque nos comunican la gracia de Dios. El *Catecismo* define la gracia como "el *favor*, el *auxilio gratuito* que Dios nos da para responder a su llamada: llegar a ser ser hijos de Dios [cf. Jn 1:12-18], hijos adoptivos [cf. Rm 8:14–17], partícipes de la naturaleza divina [cf. 2Pe 1:3–4], de la vida eterna [cf. Jn 17:3]" (CEC, 1996). Es "una *participación en la vida de Dios*" que "nos introduce en la intimidad de la vida trinitaria" (CEC, 1997). La gracia es "el don del Espíritu que nos justifica y nos santifica" (cf. CEC, 2003), pero también incluye dones que son propios de cada uno de los sacramentos, que es nuestro enfoque aquí. Los dones y gracias que son específicos a cada sacramento se significan en los signos sacramentales correspondientes, porque cada signo litúrgico "indica lo que significa específicamente",[9] por ejemplo, el pan y vino eucarísticos son signos del Cuerpo y la Sangre de Cristo. Es más, "los sacramentos se nos dan a los humanos, para las 'distintas situaciones de nuestra vida' y, en consecuencia,

9. Johann Auer, *A General Doctrine of the Sacraments and the Mystery of the Eucharist* [Doctrina general de los sacramentos y el misterio de la Eucaristía] (Washington, DC: The Catholic University of America Press, 1995), 49.

deben contener distintos efectos de la gracia".[10] Dicho de otro modo, "la gracia impartida por los sacramentos vuelve el amor de Dios, su presencia y potencia, disponibles en el momento presente, según el modo específico de cada sacramento".[11] El sacramento de la reconciliación, por ejemplo, "es un nuevo hoy en Cristo, después de la caída".[12] A través de los dones específicos de cada sacramento, Dios nos concede el amor y la fuerza para profundizar nuestra relación en la vida de la Trinidad.

Sin embargo, es también verdad que los sacramentos no dan fruto por igual en todas las personas que los reciben. Mientras que todos en la misa pueden recibir el Cuerpo y la Sangre de Cristo, el fruto de esta comunión sacramental variará. Esto es porque "los frutos de los sacramentos dependen también de las disposiciones del que los recibe" (CEC, 1128). El ejemplo más obvio de eso es cuando alguien recibe un sacramento en estado de pecado mortal, pero otras disposiciones como la indiferencia o falta de fe, también pueden limitar el fruto de la gracia sacramental. Esto fue verdad durante el ministerio terreno de Jesús. Cuando fue a Nazaret, su pueblo, la gente "se escandalizó... y no pudo hacer ningún signo ahí por su falta de fe" (Mt 13:57–58). Por otra parte, Jesús alabó a la cananea que le pidió que curara a su hija: "Oh, mujer, qué grande es tu fe. Que se haga lo que deseas. Y su hija se curó desde aquella hora" (Mt 15:28). Hay una relación íntima y recíproca entre el sacramento y la fe. "No sólo suponen la fe; también la fortalecen, la alimentan y la expresan con palabras y acciones. Por eso se llaman sacramentos *de la fe* [cf. SC, 59]" (CEC, 1123, cursivas originales). A través de los sacramentos, Dios imparte su ayuda y vida a nosotros, pero nos debemos preparar para recibirlos con fe y humildad.

## TRANSFORMAR LA VIDA

Como ejemplo del poder transformador de los sacramentos, miremos al sacramento de la confirmación. Además del rito sacramental, las lecturas bíblicas, los Padres de la Iglesia y el *Catecismo*, hay una quinta fuente de información sobre cada sacramento, las oraciones para la misa ritual para cada uno de los sacramentos (a excepción del sacramento de la reconciliación). Por ejemplo, la misa ritual para la confirmación tiene dos

10. Auer, 49.
11. Paul Haffner, *El misterio sacramental*, (Herefordshire: Gracewing, 2007), 28.
12. Haffner, 28.

conjuntos de oraciones propias, para la Oración colecta (oración inicial), la Oración sobre las ofrendas, y la Oración después de la Comunión. Observemos el segundo conjunto de oraciones (B) para notar el significado de la confirmación para la vida personal.

Empecemos por la Oración colecta, así llamada porque "recoge" las oraciones de la asamblea reunida para elevarlas al Padre:

> Envía, Señor, sobre nosotros, a tu Santo Espíritu,
> para que caminemos todos en la unidad de la fe
> y, sostenidos por la fuerza de su amor,
> podamos llegar a la madurez de la vida en Cristo.
> (MR, *Misa ritual para la confirmación B*, Oración colecta)

Esta oración revela varios aspectos transformadores del sacramento de la confirmación. Empieza por implorar el don del Espíritu, que es la gracia esencial del sacramento: "Envía, Señor, sobre nosotros tu santo Espíritu". Luego enumera tres frutos duraderos. El primero es el trabajo por la unidad de todos los creyentes: "caminando en la unidad de la fe". Jesús oró por esta unidad en su oración sacerdotal que recoge Juan 17: "Oro no sólo por ellos, sino por todos los que creerán en mí por su palabra, para que todos sean uno, como tú Padre en mí y yo en ti, que sean uno en nosotros, para que el mundo crea que tú me has enviado" (Juan 17:20–21). El segundo fruto es ser fortalecido por el amor de Dios que, según la Carta de san Pablo a los romanos es un don específico del Espíritu. "El amor de Dios se ha derramado en nuestros corazones por el Espíritu Santo que se nos ha dado" (Romanos 5:5). El tercer fruto es ser conformados a la imagen de Cristo "que lleguemos a conocer la medida de la plena estatura de Cristo". Esta petición se toma de la Carta a los efesios en la que san Pablo habla de "construir el cuerpo de Cristo, hasta que todos obtengan la unidad de la fe y el conocimiento del Hijo de Dios, que crezcan en madurez hasta la estatura de Cristo" (4:12–13). Esta oración breve pero rica expresa tanto lo personal como lo eclesial a través del Espíritu Santo que el receptor es fortalecido por el amor de Cristo y gradualmente conformado a su imagen para trabajar por la unidad de todos los creyentes, para que todos lleguen a la plena estatura de Cristo".

Luego viene la Oración sobre las ofrendas, que responde a la petición de la congregación de que el Señor acepte el sacrificio de manos del sacerdote "para alabanza y gloria de su nombre, para nuestro propio bien y el de toda su santa Iglesia" (MR, *Ordinario de la misa*, 29).

Acepta, Señor, en unión con el sacrificio de Cristo,
a estos hijos tuyos
que han sido marcados con el signo de la cruz
y con la unción del Espíritu Santo,
para que, ofreciéndose con Cristo,
reciban cada día con mayor abundancia
los dones de tu Espíritu.
(MR, *Misa ritual para la confirmación B*,
Oración sobre las ofrendas)

La oración comienza haciendo referencia a los signos esenciales del sacramento de la confirmación "marcados con el signo de la cruz y con la unción del Espíritu Santo". Luego habla de dos frutos transformadores específicos. El primero es una ofrenda continua personal al Padre en unión con Cristo. Esta es la naturaleza del amor filial, ofrecerse a Dios por el bien de los demás. El segundo es un continuo derramamiento del Espíritu "porque Dios no raciona su don del Espíritu" (cf. Juan 3:34). Como en la Oración colecta, se da aquí tanto una dimensión personal, una donación aún mayor del Espíritu, como una eclesial, el ofrecimiento filial de uno mismo con Cristo por la Iglesia y por el mundo.

Al final viene la Oración después de la Comunión. Como se proclama después de la recepción de la comunión sacramental, esta oración se enfoca en los frutos que fluyen de la recepción del Cuerpo y la Sangre del Señor.

Señor, a estos hijos tuyos recién confirmados,
a quienes has colmado con los done de tu Espíritu
y alimentado con el Cuerpo y la Sangre de tu Hijo,
concédeles vivir en el amor la plenitud de tu ley,
para que manifiesten al mundo la libertad que les da ser
hijos tuyos
y muestren, con la santidad de su vida,
el carisma profético de tu pueblo santo.
(MR, *Misa ritual para la confirmación*, Oración después
de la Comunión B)

Podemos notar que esta oración comienza afirmando la relación entre la confirmación ("a quienes has adornado con los frutos de tu Espíritu") y la Eucaristía ("y nutrido con el Cuerpo de tu Unigénito").

La Eucaristía contiene "toda la riqueza espiritual de la Iglesia, es decir, Cristo mismo nuestra pascua y nuestro pan vivo, que da vida a la humanidad por su carne" de modo que todos los sacramentos "están unidos con la Eucaristía y orientados hacia ella" (PO, 5). Esto es especialmente verdad de los sacramentos de iniciación. "No se debe olvidar nunca que nuestra recepción del bautismo y la confirmación están orientados hacia la Eucaristía" (SacCar, 17). Así transformados, los confirmados se hacen signos para el mundo de la libertad de los hijos de Dios. Finalmente, esta santidad hecha posible por los dones del Espíritu capacita a los confirmados a participar en la misión profética de la Iglesia, porque "los dones del Espíritu se dan para la construcción del Cuerpo de Cristo (1 Cor 12) y por un testimonio mayor del Evangelio en el mundo" (SacCar, 17). Son notables tanto los efectos personales como los eclesiales: la santidad personal y la libertad que hacen de los creyentes signos y testigos proféticos para el mundo, de ser conscientes y actuar con las gracias que hemos recibido.

Estas oraciones de la misa ritual para la confirmación contienen una rica teología del poder transformador de dicho sacramento. Ellas nos indican los distintos modos como toda la vida es transformada progresivamente por el sacramento: fortalecida por el amor de Dios, se conforma cada vez más a la imagen de Cristo, se llena más y más del Espíritu y camina en santidad. Esta transformación personal se expresa a través de la participación en la misión de la Iglesia, cuerpo místico de Cristo, trabajando por la unidad de todos los creyentes, ofreciéndose a Dios con Cristo por los demás, siendo cada vez para el mundo más signos vivos transparentes de la libertad en Cristo, y ofreciendo un testimonio profético al mundo.

## CONCLUSIÓN

En la *Constitución sobre la sagrada Liturgia*, el Concilio Vaticano II puso un énfasis especial en la participación "plena, consciente y activa en las celebraciones litúrgicas" por parte de todos los fieles (SC, 14). "Al reformar y fomentar la sagrada liturgia, hay que tener *muy en cuenta* esta plena y activa participación de todo el pueblo" (SC, 14, cursiva añadida). En la visión del Concilio, la participación tiene dos dimensiones, la interior y la exterior. La participación interior requiere "comprender bien los ritos y oraciones" para que todos los presentes "participen consciente, piadosa y activamente" (SC, 48). La participación externa significa participar "en las aclamaciones del pueblo, las respuestas, la salmodia, las antífonas, los cantos y también las acciones, gestos, y posturas corporales. Guárdese, además, a su debido tiempo, un silencio sagrado" (SC, 30). También significa que quien tenga un papel a desempeñar, ministro o laico, "hará todo y sólo aquello que le corresponde por la naturaleza de la acción y las normas litúrgicas" (SC, 28). La Iglesia urge a esta plena, consciente y activa participación porque "es la fuente primaria y necesaria de donde han de beber los fieles el espíritu verdaderamente cristiano" (SC, 14).

El método de catequesis mistagógica propuesto por el papa Benedicto XVI e ilustrado en este capítulo puede facilitar el tipo de participación interior y exterior que contemplaba la Iglesia. Mirar a las raíces del Antiguo Testamento de un sacramento revela la unidad de la revelación de Dios de palabra y obra, una revelación que encuentra su cumplimiento en Cristo. Entender el significado de los signos litúrgicos, que conllevan dentro el poder salvífico del misterio pascual de Cristo, nos permite pasar de los signos a los misterios que contienen, y encontrar a Cristo, que es el significado de todo signo. Esto a su vez nos abre al poder transformador de cada sacramento para poder conocer el amor de Cristo que sobrepasa todo conocimiento y adorar a quien "es capaz de lograr mucho más de lo que podemos pedir o imaginar" (Ef 3:20).

PARTE II

# El sacramento del orden sacerdotal

El sacramento del orden sacerdotal es el sacramento del ministerio apostólico; en otras palabras, es el modo en que la misión que Cristo confió a sus apóstoles se lleva a cabo en la Iglesia hasta su vuelta (cf. CEC, 1536). Los tres grados del sacramento del orden, episcopado, presbiterado y diaconado, participan en la misión de Cristo de maneras distintas pero complementarias. En los tres capítulos siguientes examinaremos cómo el sacramento del orden sacerdotal expresa y efectúa esta participación sacramental en la misión de Cristo.

En el capítulo 4 daremos una breve introducción al sacramento y luego miraremos a las raíces en el Antiguo Testamento y las figuras que anuncian el sacramento del orden sacerdotal. El rito para cada grado del orden sacerdotal se enfoca en una figura distinta del Antiguo Testamento: Abrahán para los obispos, Aarón y sus hijos para los presbíteros, y los levitas para los diáconos. También miraremos a algunas de las lecturas clave del Antiguo Testamento para el Rito de la ordenación, especialmente la elección de Jeremías por parte de Dios, según se describe en Jeremías 1:4–9 y la profecía de Isaías de que el Señor ungirá a su mensajero con el Espíritu (61:1–3). Finalmente, reflexionaremos sobre la figura de Melquisedec en el Antiguo Testamento que prefigura el sumo sacerdocio de Cristo.

En el capítulo 5 tomaremos en cuenta los signos que comprenden el sacramento del orden sacro. Algunos signos son comunes en el Rito de Ordenación de los tres grados, tal como la imposición de las manos, la Letanía de los santos y las posturas como arrodillarse y postrarse. Otros signos son específicos de cada grado, tales como la entrega del pan y el vino al sacerdote y el anillo, mitra, y báculo al obispo. En el capítulo 6 examinaremos cómo las promesas que se hacen durante el Rito de la Ordenación revelan cómo el sacramento transforma la vida del ministro ordenado. En el núcleo de tales promesas está la relación del ordenado con Cristo: el diácono promete conformar su vida al ejemplo de Cristo, el presbítero promete estar unido más íntimamente con Cristo, y el obispo promete construir y permanecer en unidad con el Cuerpo de Cristo. Enraizados en el sacerdocio del Antiguo Testamento, celebrado con una diversidad de signos sacramentales, y convirtiéndose en modos claros en signo sacramental de Cristo, obispos y sacerdotes (los dos grados de participación sacerdotal) y los diáconos (el grado de servicio) continúan la obra salvadora y santificadora de Cristo en su Iglesia.

Capítulo 4

# El orden sacerdotal: raíces en el Antiguo Testamento

## Introducción: El sacerdocio de Cristo

"Tenemos en Jesús, el Hijo de Dios, un Sumo Sacerdote insigne que penetró en el cielo" (Heb 4:14). Uno de los grandes temas de la Epístola a los hebreos es el sacerdocio de Cristo. Él es el sumo sacerdote que es "santo, inocente, sin mancha" (Heb 7:26). "Un sumo sacerdote misericordioso y fiel en el servicio de Dios" (Heb 2:17), que, por su misterio pascual "él ha perfeccionado para siempre a los que santifica" (Heb 10:14). "Ustedes que han sido santificados y participan de un mismo llamado celestial, piensen en Jesús, el Apóstol y Sumo Sacerdote de la fe que profesamos" (Heb 3:1).

Obediente a la exhortación de la Epístola a los hebreos, la Iglesia ha reflexionado sobre el sacerdocio de Cristo y ha llegado a comprender que hay dos maneras de participación en el único sacerdocio de Cristo: el sacerdocio de todos los bautizados, y el sacerdocio ministerial de obispos y sacerdotes, asistidos por los diáconos. Por el sacramento del bautismo, Cristo nos ha "llamado a un reino de sacerdotes para su Dios y Padre" (Ap 1:6; cf. Ap 5:9–10) de manera que todos los fieles son "raza escogida, sacerdocio real, nación santa" (1 Pe 2:9). El bautismo y la confirmación consagran a los fieles para ser un "sacerdocio santo" (LG, 10). Ejercitan su sacerdocio por su "participación viva en la santa Liturgia de la Iglesia" y "por el testimonio de una vida santa y caridad eficaz [cf. LG 11]" (CEC, 1273). Complementando el sacerdocio de los bautizados, por el sacramento del orden sagrado, los hombres son configurados con Cristo como medio por el que Cristo mismo "no cesa de construir y de conducir a su Iglesia" (CEC, 1547). El sacerdocio ministerial o jerárquico, "está al servicio del sacerdocio común", para ayudar al laicado en su crecimiento en [una] vida de fe, de esperanza y de caridad, vida según el Espíritu" (CEC, 1547). De este modo los fieles y los ordenados participan, "cada uno de forma peculiar en el único sacerdocio de Cristo" (LG, 10). Aunque son distintas, estas dos participaciones en el único sacerdocio de Cristo están íntimamente ligadas.

El nombre de este sacramento, "orden sacerdotal", está tomado de la antigua Roma, que usaba la palabra *ordo* para designar un cuerpo civil, en concreto, un órgano de gobierno. La persona se incorporaba a un ordo a través de la ordenación, de donde nos viene la palabra. Desde tiempos antiguos, la Iglesia ha organizados organismos en órdenes: además del orden de obispos (*ordo episcoporum*), el orden de sacerdotes (*ordo presbyterorum*) y el orden de diáconos (*ordo diaconorum*), ha establecido órdenes por grupos como viudas, vírgenes y catecúmenos. Los miembros eran incorporados a esas órdenes a través de la *ordinatio*, un "acto religioso y litúrgico que era una consagración, una bendición o un sacramento. Hoy la palabra 'ordinatio' está reservada al acto sacramental que incorpora al orden de los obispos, de los presbíteros y de los diáconos... pues confiere un don del Espíritu Santo que permite ejercer un 'poder sagrado' ('sacra potestas') [cf. LG, 10], que sólo puede venir de Cristo, a través de su Iglesia. La ordenación también es llamada 'consecratio', porque es un 'poner aparte' y un 'investir' por Cristo mismo para su Iglesia" (CEC, 1538).

Desde los primeros tiempos de la Iglesia, ésta ha reconocido tres grados de ministerio ordenado: obispos (episcopado), sacerdotes (presbiterado) y diáconos (diaconado). A principios del siglo II, san Ignacio de Antioquía describía estos tres grados de esta manera: "Que todos reverencien a los diáconos como a Jesucristo, al obispo que es imagen del Padre, y a los presbíteros como ll senado de Dios y como a la asamblea de los apóstoles; sin ellos no se puede hablar de la Iglesia [*Epistula ad Trallianos*, 3,1]" (CEC, 1554).

Los dos primeros, obispos y sacerdotes, son participaciones ministeriales en el sacerdocio de Cristo. Como sucesores de los apóstoles, los obispos reciben la plenitud del sacramento del Orden "para que los obispos, en forma eminente y visible, hagan las veces de Cristo mismo, Maestro, Pastor y Pontífice, y obren en su nombre" (LG, 21). Los sacerdotes comparten con los obispos la dignidad del sacerdocio, y "en el ejercicio de su potestad dependen de los obispos" (LG, 28). Son ordenados, "han sido consagrados como verdaderos sacerdotes del Nuevo Testamento, según la imagen de Cristo, Sumo Eterno Sacerdote para predicar el Evangelio... representando la persona de Cristo y proclamando su misterio, juntan con el sacrificio de su Cabeza, Cristo, las oraciones de los fieles, representando y aplicando en el sacrificio de la misa, hasta la venida del Señor, el único Sacrificio del Nuevo Testamento, a saber, el de Cristo que se ofrece a sí mismo al Padre como hostia inmaculada (ver Heb 9:11–28)" (LG, 28).

Mientras que los diáconos no reciben el sacerdocio ministerial, por su Ordenación reciben "funciones importantes en el ministerio de la palabra, del culto divino, del gobierno pastoral y del servicio de la caridad, tareas que deben cumplir bajo la autoridad pastoral de su obispo" (CEC, 1596). También merece destacarse que "puesto que el presbiterado y el episcopado 'contienen' el diaconado, también ellos son ministerios de servicio como, también, de mediación".[1] Podemos resumir los tres grados del orden sacerdotal como sigue: "el diácono media la palabra de Dios, el sacerdote la palabra y la Eucaristía; el obispo media la palabra, la Eucaristía y la Iglesia".[2] Los tres grados se confieren mediante el sacramento del orden sacerdotal.

## LA ESTRUCTURA DEL SACRAMENTO

Ya que el sacramento del orden sacerdotal "es el sacramento del ministerio apostólico, corresponde a los obispos en cuanto sucesores de los apóstoles el transmitir el 'don espiritual' [cf. LG, 21]" (CEC, 1576). Sólo un varón bautizado puede ser ordenado. El sacramento siempre es administrado por el obispo dentro de la celebración de la misa, "en la que los fieles, sobre todo el domingo, participan activamente 'junto a un único altar, que el Obispo preside, rodeado por su presbiterio y sus ministros' [SC, 41]" (RO, 9). De este modo la manifestación preeminente de la Iglesia y la administración del Orden Sagrado se unen al sacrificio eucarístico, fuente y culmen de toda la vida cristiana.[3] La celebración de la Eucaristía por el obispo con sus sacerdotes y diáconos es la

1. Paul Haffner, *El misterio sacramental*, ed. rev. (Herefordshire: Gracewing, 2007), 238–239.

2. Haffner, 239.

3. San Juan Pablo II, en un discurso a sacerdotes, indicó la relación intrínseca entre la ordenación y la Eucaristía. "Mediante nuestra ordenación, cuya celebración está vinculada a la Santa Misa desde el primer testimonio litúrgico [cf. *La tradition apostolique de saint Hippolyte*, nn. 2–4], nosotros estamos unidos de manera singular y excepcional a la Eucaristía" (*Dominicae Cenae*, 2).

manifestación preeminente de la Iglesia, ya que, "en la sacratísima Eucaristía se contiene toda la riqueza espiritual de la Iglesia, es decir, el propio Cristo", y el obispo "eminente y visiblemente toma el lugar del propio Cristo, maestro, pastor y sacerdote, y actúa en su persona" (PO, 5; LG, 21).

Figura 4.1. El sacramento del Orden sagrado

| **Obispo** | **Presbítero** | **Diácono** |
|---|---|---|
| Evangelio | Evangelio | Evangelio |
| Presentación del elegido | Elección de los candidatos | Elección de los candidatos |
| Homilía | Homilía | Homilía |
| Promesa del elegido | Promesa de los elegidos | Promesa de los elegidos |
| Letanía de los santos | Letanía de los santos | Letanía de los santos |
| Imposición de las manos<br>Plegaria de ordenación | Imposición de las manos<br>Plegaria de ordenación | Imposición de las manos<br>Plegaria de ordenación |
| | **Vestidura de estola y casulla** | **Vestidura de estola y dalmática** |
| **Unción de la cabeza**<br>**Entrega de los evangelios**<br>**Insignias (anillo, mitra, báculo)**<br>**Ocupa la cátedra**<br>**Beso fraterno** | **Unción de las manos**<br>**Entrega del pan y el vino** | **Entrega del Evangeliario** |
| Liturgia de la Eucaristía con insertos | Liturgia de la Eucaristía con insertos | Liturgia de la Eucaristía con insertos |

El *Rito de la Ordenación* comienza con la Liturgia de la Palabra, después de la lectura del Evangelio. Se compone de tres partes. La primera parte consiste en los ritos preparatorios: la presentación de los que van a ser ordenados, la homilía, la promesa de los elegidos y la Oración litánica. Se sigue con el elemento esencial de la ordenación: la imposición de las manos y la Plegaria de ordenación que "determina el significado de la imposición de manos" (RO, 7). Concluye con los ritos explicativos, que son distintos para las diversas órdenes y "que señalan las funciones conferidas por la imposición de las manos y la invocación del Espíritu Santo" (RO, 8). En los ritos explicativos, se entregan signos y símbolos que explican el oficio recién conferido. Para la Ordenación del obispo, esto incluye la entrega del anillo, la mitra y el báculo, para el sacerdocio, la entrega del pan y el vino, y para el diaconado, la entrega del *Libro de los evangelios*. La estructura del Rito de Ordenación se puede resumir en la gráfica siguiente.

## Raíces en el Antiguo Testamento del sacramento del orden sacerdotal

Como explicábamos en el capítulo anterior, el primer aspecto de la catequesis mistagógica es considerar las raíces del sacramento en el Antiguo Testamento. El punto de arranque primero y más importante es la propia liturgia, como indica el *Catecismo*: "La liturgia de la Iglesia ve en el sacerdocio de Aarón y en el servicio de los levitas, así como en la institución de los setenta 'ancianos' [cf. Nm 11:24–25], prefiguraciones del ministerio ordenado de la Nueva Alianza" (CEC, 1541). Como veremos más adelante, el Rito de la Ordenación para cada uno de los grados (episcopado, sacerdocio y diaconado) hace referencia a figuras y acontecimientos del Antiguo Testamento.

Las lecturas del Antiguo Testamento escogidas para cada uno de los grados del orden sacerdotal son una segunda fuente de información sobre las raíces del sacramento en el Antiguo Testamento. Merece la pena destacar lo que decíamos en el primer capítulo sobre la Palabra de Dios: la Palabra de Dios manifiesta la presencia de Cristo. En efecto, "Cristo siempre está presente en su palabra y, realizando el misterio de la salvación, santifica a los hombres y tributa al Padre el culto perfecto" (OLM, 4).[4] Esto no sólo es verdad en el Nuevo Testamento, sino igualmente cierto en el Antiguo. "La Iglesia anuncia el mismo y único misterio de Cristo cuando proclama en la celebración litúrgica el Antiguo y el Nuevo Testamento. [...] El centro y la plenitud de toda la Escritura y de toda la celebración litúrgica es Cristo [cf. Sn. Jerónimo, *Comm. in Isaiam prophetam, Prologus*: PL 24, 17A; DV, 25]" (OLM, 5). Es más, cuando se proclama la Palabra en la liturgia, Dios "siempre espera una respuesta, que consiste en escuchar y adorar, 'en el Espíritu y en la verdad' (Juan 4:23). El Espíritu Santo, en efecto, es quien hace que esa respuesta sea eficaz, para que se manifieste en la vida lo que se escucha en la acción

4. La *Ordenación de las lecturas de la misa* remite a SC, 7; 33; Mc 16:19–20; Mt 28:20, a textos patrísticos y del Pontifical Romano-germánico.

litúrgica, según aquellas palabras: 'No se conformen con escuchar la palabra, sino pónganla por obra' (Sant 1:22)" (OLM, 6). Aquí también vemos de nuevo la naturaleza trinitaria de la liturgia: el Padre nos llama a responder a la Palabra de su Hijo, hecha eficaz en nuestras vidas por obra del Espíritu Santo. "La palabra de Dios, propuesta continuamente en la liturgia, es siempre viva y eficaz [Heb 4:12] por el poder del Espíritu Santo, y manifiesta el amor activo del Padre, que nunca deja de tener eficacia para con los hombres" (OLM, 4).

Aunque hay lecturas específicas del Antiguo Testamento para los tres grados del orden sacerdotal, hay una común a las tres: Jeremías 1:4–9. Este pasaje describe la llamada de Jeremías ("antes de que nacieras") para ser "profeta de las naciones" (v. 5). La opción es de Dios, no de Jeremías. Esto es igualmente verdad del sacramento. "Nadie tiene *derecho* a recibir el sacramento del Orden. En efecto, nadie se arroga para sí mismo este oficio. Al sacramento se es llamado por Dios [cf. Heb 5:4]" (CEC, 1578 cursivas originales). Cuando Jeremías protesta de que es demasiado joven, Dios le asegura que él le dará las palabras para hablar. "Mira, que yo pongo mis palabras en tu boca" (v. 9). También le asegura al joven profeta su presencia y apoyo. "Yo estoy contigo para librarte" (v. 8). Este pasaje del Antiguo Testamento es apropiado para la Ordenación de los tres grados, porque enfatiza la opción de Dios para sus ministros ordinarios, y porque cada uno media la palabra de Dios al pueblo de Dios de modos apropiados a cada oficio.

En las secciones que siguen, exploraremos las raíces del episcopado, presbiterado y diaconado en el Antiguo Testamento mirando las referencias al Antiguo Testamento en las Plegarias de ordenación para cada grado (episcopado, presbiterado, diaconado) así como las lecturas del Antiguo Testamento propuestas para cada grado.

## OBISPO

La Plegaria de ordenación del obispo cita la promesa de Dios a Abrahán, la institución de dirigentes y sacerdotes, y la provisión de ministros del santuario.

> Dios y Padre de nuestro Señor Jesucristo,
> Padre de misericordia y Dios de todo consuelo…
> que lo conoces todo antes de que exista…

> Desde el principio tú predestinaste
> un linaje justo de Abraham;
> nombrase príncipes y sacerdotes
> y no dejaste sin ministros tu santuario...
> (*Ritual de la ordenación*, 47)

La referencia al "linaje justo de Abraham" se encuentra en Génesis 12, la elección de Abraham por Dios. Dios le dice a Abraham que deje su tierra y vaya a un lugar que le mostrará. Y Dios promete bendecir a Abraham y a hacer de él "una gran nación" para que en él todas las familias de la tierra encuentren bendición (12:2–3). Prefigurada en esta promesa está la bendición definitiva de salvación en Cristo, visiblemente manifestada en la persona del obispo. La plegaria también hace referencia al establecimiento de "dirigentes y sacerdotes" así como ministros para el santuario, eventos descritos en los libros de Éxodo, Levítico y Números. La plegaria de ordenación para sacerdotes y diáconos respectivamente contiene referencias más específicas a esos eventos, así que discutiremos los pasajes relevantes en esas secciones.

Una de las lecturas del Antiguo Testamento para la Ordenación de obispos y presbíteros es Isaías 61:1–3abcd. En este pasaje el profeta anuncia que el espíritu del Señor está sobre él, y, en una referencia mesiánica (*mesías* significa "ungido"), proclama que el Señor lo ha ungido. Él es el mensajero del Señor para "llevar la buena noticia a los pobres, a vendar los corazones heridos, a proclamar la liberación a los cautivos y la libertad a los prisioneros, a proclamar un año de gracia del Señor, un día de venganza para nuestro Dios; a consolar a todos los que están de duelo, a cambiar su ceniza por una corona, su ropa de luto por el óleo de la alegría, y su abatimiento por un canto de alabanza. Ellos serán llamados 'Encinas de justicia', 'Plantación del Señor, para su gloria'" (61:2–3).

Un análisis de este pasaje revela varios modos en que prefigura el sacerdocio de la Nueva Alianza.[5] La referencia al espíritu, "indica la acción especial de Dios (Jue 3:10; 11:19; 1 Sam 10:5–13)". Mientras que otras profecías del Antiguo Testamento hablaban del espíritu en referencia al rey mesiánico (ver Is 11:1–2), y se lo prometían al pueblo mesiánico (cf. Jl 3; Zac 12:10), aquí el espíritu se da para ungir la profecía. El

---

5. Análisis tomado de Carroll Stuhlmueller, CP, "Deutero-Isaiah and Trito-Isaiah" [Déutero-Isaías y Trito-Isaías], en Raymond E. Brown, Joseph Fitzmyer y Roland Murphy, eds., *New Jerome Biblical Commentary* (Upper Saddle River, NJ: Prentice Hall, 1990), 346. En español: *Nuevo Comentario Bíblico San Jerónimo*, 2 vols. (Estella: EVD, 2004).

término *ungido* "se liga a la predicación y la escucha; designa una iluminación interior para conocer la palabra de Dios y un fortalecimiento para seguirlo". La frase "libertad a los prisioneros" también se puede traducir como "luz a los prisioneros". En ambos casos "los presos son sacados de mazmorras oscuras a la plena luz del día". Este pasaje "mira a la salvación total del pueblo de Dios: de cuerpo, de espíritu, individual y socialmente". Finalmente, la referencia al "día de la justicia del Señor" casi siempre se usa para describir a Dios "reparando a la fuerza de salvación herida o debilitada (34:8; 59:17)".[6]

La profecía del Antiguo Testamento se cumple definitivamente en el ministerio de Jesús. En el Evangelio de Lucas, Jesús inaugura su ministerio público leyendo este pasaje en la sinagoga en sábado. Después de proclamar este pasaje, Jesús anuncia que él es de quien profetizaba Isaías: "Hoy se ha cumplido este pasaje de la Escritura que acaban de oír" (Lucas 4:21). "Con estas palabras Jesús anunciaba que la era mesiánica había llegado".[7] En sus palabras y obras, Cristo trajo la buena noticia a los pobres y oprimidos, consoló a los de corazón quebrantado, trajo libertad a los oprimidos por el enemigo, y liberó a los presos por la enfermedad: los ciegos vieron la salvación del Señor, los sordos escucharon la buena noticia y los mudos alabaron al Señor. La acción salvadora del Señor, impedida por la corrupción y el interés del estamento religioso del tiempo de Jesús, se realizó plena y definitivamente en Cristo.

El pasaje tiene una relevancia especial para la ordenación de obispos y sacerdotes, quienes en virtud de su ordenación están configurados con Cristo, de modo que "es Cristo mismo quien está presente en su Iglesia como Cabeza de su cuerpo, Pastor de su rebaño, Sumo Sacerdote del sacrificio redentor, Maestro de la Verdad" (CEC, 1548). Esto es lo que significa la Iglesia cuando dice que el sacerdote (y el obispo fue primero sacerdote) actúa, "en persona de Cristo, la cabeza" (la frase latina es *in persona Christi capitis*). A través de la ordenación sacerdotal, el ministro "es asimilado al Sumo Sacerdote, por la consagración sacerdotal recibida, goza de la facultad de actuar por el poder de Cristo mismo a quien representa ("virtute ac persona ipsius Christi"), [Pío XII, *Mediator Dei*]" (CEC, 1548). En un elegante resumen de santo Tomás de Aquino: "Cristo es la fuente de todo sacerdocio; pues el sacerdote de la antigua ley

6. Stuhlmueller, 346.
7. Stuhlmueller, 346.

era figura de él, y el sacerdote de la nueva ley actúa en representación suya [*Summa theologiae*, III, 22, 4]" (CEC, 1548).

> **Antiguo Testamento: la ordenación episcopal**
>
> Compare Isaías 61:1–3 a los cantos del siervo de Isaías 42:1–4, 49:1–7; 50:4–11; y 52:13—53:12. ¿Qué semejanzas encuentra? Busque referencias a la unción por el espíritu, una misión de misericordia y un año de gracia.

## PRESBÍTERO

La Plegaria de ordenación de presbíteros contiene varias referencias del Antiguo Testamento. Primero menciona oficios ministeriales en la antigua alianza que "se establecieron a través de ritos místicos". Luego menciona a los señalados para asistir a Moisés y Aarón.

> Ya en la primera Alianza aumentaron los oficios,
> instituidos con signos sagrados.
> Cuando pusiste a Moisés y Aarón al frente de tu pueblo,
> para gobernarlo y santificarlo,
> les elegiste colaboradores
> subordinados en orden y dignidad,
> que los acompañaran y secundaran.
> (*Ritual de la ordenación*, 131)

Los "ritos místicos" para la consagración de los sacerdotes del Antiguo Testamento se describen en Éxodo 29:1–30, la consagración de Aarón y sus hijos. Aarón es revestido de una túnica, efod, placa, y cíngulo bordado, con un turbante y la diadema sagrada en su cabeza. El óleo de unción se derrama sobre su cabeza. Sus hijos son revestidos de túnica y bandas y solideos en sus cabezas. "Así el sacerdocio les pertenecerá por un decreto irrevocable. De esta manera investirás a Aarón y a sus hijos" (v. 9). Esto se sigue con el sacrificio de un "novillo y dos carneros sin defecto" (v. 1). La sangre de los sacrificios se asperje sobre y alrededor del altar y se usa para ungir el lóbulo de la oreja derecha de Aarón y sus hijos, así como "el pulgar de su mano derecha y el pulgar de su pie derecho" (v. 20). La carne, costado y desechos del novillo se queman fuera del campo como ofrenda de expiación (v. 14) y uno de los carneros se quema en el altar como "oblación de buen olor" (v. 18). La sangre del otro carnero se derrama sobre el altar y junto con el óleo de unción se asperje sobre Aarón y sus hijos y en sus vestimentas, "así quedarán consagrados Aarón, sus hijos y las vestiduras de todos ellos" (v. 21). Partes del carnero junto con un pan sin levadura, un pastel hecho con aceite y una oblea se les entregan a Aarón y sus hijos quienes los elevan con "el gesto de presentación delante del Señor" (v. 24). Luego se queman sobre el altar "como perfume agradable al Señor" (v. 25).

La consagración de los hijos de Aarón se menciona en otra sección de la Plegaria de ordenación de presbíteros

> Así también hiciste partícipes a los hijos de Aarón
> de la abundante plenitud otorgada a su padre,
> para que un número suficiente de sacerdotes
> ofreciera, según la ley, los sacrificios
> sombra de los bienes futuros.
> (*Ritual de la ordenación*, 131).

Esta referencia concluye con una explicación sobre la importancia del Antiguo Testamento para comprender los oficios de la nueva alianza: eran como una sombra de las buenas cosas que habrían de venir. Este rito "místico" prefigura muchos elementos del actual *Ritual de la ordenación*: la elección divina de los ministros, el revestimiento con las vestiduras sagradas, la unción con el óleo y la ofrenda de sacrificios.

La Plegaria de ordenación también se refiere a los que fueron elegidos para asistir a Moisés y Aarón. Esto se encuentra en Éxodo 18:17–27. El suegro de Moisés le dice que sus responsabilidades son demasiado grandes como para soportarlas solo. Le aconseja que elija "hombres capaces y temerosos de Dios, dignos de confianza e insobornables" y que ellos "juzguen por sí mismos los casos de menor importancia" (Ex 18:21–22). Urge a Moisés a hacer esto, con la condición de que "Dios te lo ordena", para que pueda "resistir, y toda esta gente regresará en paz a sus hogares" (Ex 18:23). Esto prefigura el ministerio pastoral de sacerdotes como asistentes de los obispos.

La misma Plegaria de ordenación luego menciona a los setenta ancianos que recibieron el espíritu para asistir a Moisés.

> Así, en el desierto,
> diste parte del espíritu de Moisés,
> comunicándolo a los setenta varones prudentes,
> con los cuales gobernó más fácilmente a tu pueblo.
> (*Ritual de la ordenación*, 159).

Este acontecimiento se describe en Números 11:10–29. Cuando el pueblo se queja de la falta de comida en el desierto, Moisés se queja a Dios: "Yo solo no puedo soportar el peso de todo este pueblo: mis fuerzas no dan para tanto" (v. 11:14). Dios replica diciéndole a Moisés que reúna a "Reúneme a setenta de los ancianos de Israel —deberás estar seguro de que son realmente ancianos y escribas del pueblo" (v. 16). Entonces, cuando están todos reunidos en la tienda del encuentro, Dios le dice a Moisés, "tomaré algo del espíritu que tú posees, para comunicárselo a ellos. Así podrán compartir contigo el peso de este pueblo, y no tendrás que soportarlo tú solo" (v. 17). Cuando el espíritu se concede a los setenta, "comenzaron a profetizar, pero después no volvieron a hacerlo" (v. 25). Esto prefigura el don del espíritu concedido a los sacerdotes como colaboradores con el obispo. El pasaje es una de las lecturas del Antiguo Testamento para la Ordenación de sacerdotes, lo cual refleja la importancia de la figura del sacerdocio en el Nuevo Testamento.

Las referencias del Antiguo Testamento en el *Ritual de la ordenación* de presbíteros revelan elementos claves del rito, especialmente la relación entre ordenación y sacrificio. También anticipan el ministerio pastoral de los presbíteros y el don del Espíritu. Por último, revelan la colegialidad del sacerdocio.

## DIÁCONO

La Plegaria de ordenación de diáconos cita la elección de Dios de los hijos de Leví, como prefigurando los tres grados de ministerios en la Nueva Alianza.

> Como un día elegiste a los levitas
> para servirte en el primitivo tabernáculo,
> así ahora has establecido tres órdenes de ministros
> encargados de tu servicio.
> (*Ritual de la ordenación*, 207)

La elección de Dios de los hijos de Leví se registra en Números 1:48–53. Dios le dice a Moisés que no inscriba a los levitas en "el registro a la tribu de Leví ni la incluyas en el censo de los israelitas" (v. 49). Los levitas tienen que estar "al cuidado de la Morada del Testimonio, de sus enseres y de todo lo que está relacionado con ella" y "se encargarán de su servicio" (v. 50). Ya que Dios designó a la tribu de Leví para el servicio litúrgico, "Dios mismo es la parte de su herencia" (ver CEC, 1539). El ministerio de los levitas se describe más extensamente en una de las lecturas del Antiguo Testamento para la Ordenación de levitas, como se indica en Números 3:5–9. En este pasaje el Señor le dice a Moisés que coloque a los levitas "a disposición del sacerdote Aarón, para servirlo" (v. 6). Ellos son responsables de todo el mobiliario de la tienda o carpa del encuentro y de mantener el servicio de la Morada. Son puestos "a las órdenes de Aarón y de sus hijos… exclusivamente" (v. 9).

Este pasaje prefigura un aspecto importante del diaconado, el ministerio litúrgico de los diáconos. Así como los levitas fueron asignados para asistir a Aarón y sus hijos, así los hombres son ordenados al diaconado "para servir en calidad de ministro a la santificación de la comunidad cristiana, en comunión jerárquica con el obispo y con los presbíteros. Al ministerio del obispo y, subordinadamente, al de los presbíteros, el diácono presta una ayuda sacramental, por lo tanto, intrínseca, orgánica, inconfundible" (DMLPD, 28). Su ministerio en el altar es distinto tanto del ministerio litúrgico de los fieles laicos como del sacerdocio ministerial (cf. DMLPD, 28). Así, "en el ofrecimiento del Sacrificio eucarístico, el diácono no está en condiciones de realizar el misterio sino que, por una parte, representa efectivamente al Pueblo fiel, le ayuda en modo específico a unir la oblación de su vida a la oferta de Cristo; y por otra sirve, en nombre de Cristo mismo, a hacer partícipe a la Iglesia de los frutos de su sacrificio" (DMLPD, 28).

## MELQUISEDEC

Aunque el sacerdocio del Antiguo Testamento prefigura de muchas maneras el sacerdocio de Cristo, proclamando la Palabra de Dios [cf. Mal 2:7-9] y restaurando la "comunión con Dios mediante los sacrificios y la oración, este sacerdocio de la Antigua Alianza, sin embargo, era incapaz de realizar la salvación, por lo cual tenía necesidad de repetir sin cesar sus sacrificios y no podía alcanzar una santificación definitiva [cf. Heb 5:3; 7:27; 10:1-4], que sólo podría ser lograda por el sacrificio de Cristo" (CEC, 1540). La figura del Antiguo Testamento que señala más claramente hacia el sacerdocio de Cristo es Melquisedec.

A Melquisedec se le menciona por primera vez en Génesis 14:17–24, cuando se encuentra con Abrahán que acaba de vencer a Quedorlaomer y sus aliados. Es mencionado otra vez en el Salmo 110:4: "El Señor ha jurado y no se arrepentirá: eres sacerdote para siempre según el orden de Melquisedec". De estos pasajes del Antiguo Testamento la Carta a los hebreos explica cómo Melquisedec prefigura el sacerdocio de Cristo. "Melquisedec, 'sacerdote del Altísimo' (Gn 14:18), es considerado por la Tradición cristiana como una prefiguración del sacerdocio de Cristo, único 'Sumo Sacerdote según el orden de Melquisedec' (Heb 5:10; 6:20), 'santo, inocente e inmaculado' (Heb 7:26), que 'mediante una sola oblación ha llevado a la perfección para siempre a los santificados' (Heb 10:14), es decir, mediante el único sacrificio de su Cruz" (CEC, 1544).

La reflexión del Nuevo Testamento sobre Melquisedec es un ejemplo de lo que la Iglesia llama "relecturas", reflexiones por escritores del Nuevo Testamento sobre acontecimientos y figuras del Antiguo Testamento que reflejan la unidad de ambos testamentos. "Lo que contribuye a dar a la Biblia su unidad interna, única en su género, es que los escritos bíblicos posteriores se apoyan con frecuencia sobre los escritos anteriores. Aluden a ellos , proponen 'relecturas' que desarrollan nuevos aspectos del sentido, a veces muy diferentes del sentido primitivo, o inclusive se refieren a ellos explícitamente, sea para profundizar el significado, sea para afirmar su realización".[8]

En el caso de Melquisedec, el escritor de Hebreos reflexiona en ambas fuentes del Antiguo Testamento resumiendo el relato del Génesis 14 y citando el Salmo 110:6 tres veces (5:6; 7:17, 21). "Tú eres sacerdote para siempre según el orden de Melquisedec". Como sugiere esto, uno de sus énfasis es el sacerdote eterno de Melquisedec que prefigura el sacerdote eterno de Cristo. El otro tema que acentúa es un cambio de sacerdocio, desde el orden de Aarón al de Melquisedec. "Por lo tanto, si se podía alcanzar la perfección por medio del sacerdocio levítico, sobre el cual se funda la Ley dada al pueblo, ¿qué necesidad había entonces de que surgiera otro sacerdote, según el orden de Melquisedec y no según el orden de Aarón?... Y esto se hace más evidente aún, si se tiene en cuenta que este nuevo sacerdote, a semejanza de Melquisedec, se constituye, no según la disposición de una ley meramente humana, sino según el poder de una vida indestructible" (Heb 7:11–12, 15–16).

8. Pontificia Comisión Bíblica, *La interpretación de la Biblia en la Iglesia* (Ciudad del Vaticano: LEV, 1994), III, A, 1; disponible en https://mercaba.org/CONGREGACIONES/BIBLICA/interpretacion_biblia_03.htm (acceso el 7-19-22).

### Conocer a Melquisedec

Melquisedec es descrito en Génesis 14:17–21, el Salmo 110 y Hebreos 5—7. Lea esos pasajes. ¿Cómo desarrolla cada uno la idea del sacerdocio de Melquisedec? Además, revise la exposición en el capítulo 3 (págs. 44–45) de la referencia a Melquisedec en la Plegaria Eucarística I.

Las interpretaciones de los Padres de la Iglesia sobre Cristo como sacerdote eterno según el orden de Melquisedec revelan los aspectos multifacéticos de esta verdad. Para san Agustín, está prefigurado en la Eucaristía que ahora se ofrece en altares de todo el mundo: "Aquí ciertamente vemos la primera manifestación del sacrificio ahora ofrecido a Dios por los cristianos de todo el mundo, en donde se cumple lo que se dijo en la profecía, mucho antes de este acontecimiento, de Cristo que todavía habría de venir en carne, 'tú eres sacerdote para siempre según el orden de Melquisedec'".[9] El sacrificio "que ahora se ofrece en todo el mundo" es una referencia a Malaquías 1:11, y se encuentra en la propia liturgia, "congregas a tu pueblo sin cesar, / para que ofrezca en tu honor / un sacrificio sin mancha / desde donde sale el sol hasta el ocaso" (MR, *Plegaria eucarística III*, 108).

Braulio de Zaragoza vio en la ofrenda de pan y vino de Melquisedec una figura del sacrificio eucarístico, porque "a través del sacramento, el pan y vino ofrecidos a Dios se convierten para nosotros en el verdadero cuerpo y sangre de Cristo, según las propias palabras del Señor y las Sagradas Escrituras compuestas por el Espíritu Santo. Este sacramento que la Iglesia católica ofrece cada día en su altar 'según el orden de Melquisedec' por el verdadero pontífice, Jesucristo, con un entendimiento místico y una falta inefable de palabras porque la gracia que lo sobrepasa pasa por encima de todo". Como san Agustín, Braulio también notó la ofrenda universal de la Eucaristía.

San Epifanio de Salamina ofrece un resumen completo del sacerdocio eterno de Cristo según el orden de Melquisedec, comenzando con la Encarnación: "Había tomado su sustancia de hombre para ser hecho sacerdote para nosotros según el orden de Melquisedec, que no tiene

9. Erik M. Heen y Philip D. W. Krey, *Hebrews*, en *Ancient Christian Commentary on Scripture*, ed. Thomas C. Oden, New Testament, vol. 10 (Downers Grove, Il: InterVarsity Press, 2005), 96. En español: *Hebreos*, en *La Biblia Comentada por los Padres de la Iglesia*, N.T. 10 (Madrid: Ciudad nueva, 2009).

sucesión". Como resultado, Cristo "mora para siempre para ofrecer dones por nosotros, después de la primera entrega de sí mismo en la cruz, para abolir todo sacrificio de la antigua alianza presentando el sacrificio vivo más perfecto para todo el mundo. Él mismo es templo, sacrificio, altar, sacerdote, Dios, hombre, rey, sumo sacerdote, cordero, víctima del sacrificio, haciéndose todo en todo para nosotros para que la vida pueda ser nuestra de todos modos y para establecer la fundación perdurable de su sacerdocio eterno, sin dejarlo ya a descenso y sucesión, sino concediendo que, según esta ley, pueda preservarse en el Espíritu Santo".[10] Este pasaje luminoso, que toca la Encarnación, el templo, el sacerdocio, y el sacrificio, y en referencia a un "sacerdocio... preservado en el Espíritu Santo",[11] el sacramento del orden sacerdotal revela la unidad de la Biblia y la riqueza del sacerdocio eterno de Cristo.

## CONCLUSIÓN

El Antiguo Testamento provee un rico fundamento teológico y ritual para el sacramento del orden sacerdotal. La consagración de Aarón y sus hijos mediante "ritos místicos" prefigura la estructura y elementos clave de la ordenación presbiteral, mientras que el servicio de los levitas anuncia el ministerio diaconal. Las lecturas del Antiguo Testamento articulan una rica teología del ministerio ordenado. Y el sacerdocio de Melquisedec provee el modelo del sumo sacerdocio de Cristo.

10. Heen y Krey, 99.
11. Heen y Krey, 99.

Capítulo 5

# El Orden sacerdotal: signos y símbolos

## INTRODUCCIÓN

Como hemos visto, las celebraciones sacramentales se componen de signos litúrgicos que implican a la persona entera y comunican la fuerza del misterio pascual de Cristo. Los signos litúrgicos que comprenden el sacramento del orden sacerdotal son complejos y variados. Incluyen las posturas de estar de pie, de rodillas y postrarse, y gestos como la imposición de manos y el beso fraterno. Se invoca a la Iglesia triunfante durante las súplicas de la Oración litánica. Obispos y sacerdotes son ungidos con el crisma sagrado, signo del Espíritu Santo. Los recién ordenados son revestidos con ricas vestiduras que significan su sagrado ministerio. Signos como la mitra, el cáliz y la patena y el Libro de los Evangelios se entregan para significar la participación distinta de cada grado en el único sacerdocio de Cristo. En este capítulo miraremos atentamente a los signos del sacramento del orden sacerdotal para que podamos "pasar de sus signos al misterio que contienen" y así entrar más profundamente en el misterio sacramental.

Ya dijimos en el último capítulo que el Rito de Ordenación se compone de tres partes que expresan "múltiples aspectos de la gracia sacramental" (CEC, 1574). La primera parte consiste en los ritos de preparación: la presentación de los ordenandos, la homilía, la promesa de los elegidos y las súplicas litánicas. Estos ritos "ponen de relieve que la elección del candidato se hace conforme al uso de la Iglesia y preparan el acto solemne de la consagración" (CEC, 1574). Esto se sigue con el Rito de Ordenación esencial: la Imposición de las manos y la Plegaria de ordenación (también llamada oración de consagración). Como indicábamos en el capítulo 2, si el rito esencial se omite o altera, el sacramento no es válido. El Rito de Ordenación concluye con los ritos complementarios para "expresar y completar de manera simbólica el misterio que se ha realizado" (CEC, 1574). Al considerar los signos que componen el Rito de Ordenación, miraremos primero al propio rito, complementado por la *Instrucción general del rito de ordenación* y el *Catecismo*. Más abajo se encuentra un cuadro del Rito de Ordenación para los tres grados. Los ritos preparatorios se ofrecen en tipo de letra regular, el elemento esencial va en cursiva y los ritos complementarios en negrita. También se incluye el gesto o postura que acompaña a los distintos elementos.

Figura 5.1. El sacramento del orden sacerdotal

| **Obispo** | **Presbíteros** | **Diáconos** |
|---|---|---|
| Evangelio | Evangelio | Evangelio |
| Presentación del elegido (llevado ante el obispo, hacen un signo de reverencia | Elección de los candidatos (van al obispo, signo de reverencia | Elección de los candidatos |
| Homilía | Homilía | Homilía |
| Promesa del elegido (de pie ante el obispo) | Promesa de los elegidos (de pie ante el obispo | Promesa de los elegidos |
| Letanía de los Santos (postrados) | Letanía de los Santos (los elegidos se postran) | Letanía de los Santos |
| *Imposición de manos (de rodillas ante el obispo)*<br>*Plegaria de ordenación (dos diáconos sostienen el Libro de los evangelios sobre su cabeza)* | *Imposición de manos (de rodillas ante el obispo)*<br>*Plegaria de ordenación* | *Imposición de manos*<br>*Plegaria de ordenación* |
| | **(de pie)**<br>**Revestidos con estola y casulla** | **Revestidos con estola y dalmática** |
| **Unción de la cabeza (de rodillas)**<br>**Entrega de los Evangelios**<br>**Insignias (anillo, mitra, báculo)**<br>**(de pie)**<br>**Ocupa la cátedra**<br>**Beso fraterno** | **Unción de las manos (de rodillas ante el obispo)**<br>**Entrega del pan y el vino (de rodillas ante el obispo)**<br>**Beso fraterno** | **Entrega del Evangeliario**<br>**(de rodillas)** |
| Liturgia de la Eucaristía con insertos | Liturgia de la Eucaristía con insertos | Liturgia de la Eucaristía con insertos |

### Colores festivos

El Rito de ordenación ordinariamente se celebra de color blanco o un color festivo (Misal Romano). Revise lo dicho sobre los colores litúrgicos en el capítulo 2. ¿Por qué es el blanco preferido para las ordenaciones? ¿Cuáles colores festivos son los aprobados?

## RITO PREPARATORIO: LA ELECCIÓN DE LOS CANDIDATOS

El Rito de la ordenación de presbíteros y diáconos comienza con la elección de los candidatos. Después de la lectura del evangelio, pero antes de la homilía, un diácono llama al candidato(s) por su nombre: "Que N., que va a ser ordenado sacerdote, se acerque". El candidato responde: "Presente", y hace una señal de reverencia al obispo. El rito no especifica la naturaleza exacta de este signo de reverencia, pero en los Estados Unidos es costumbre que el candidato se ponga en pie al escuchar su nombre y responda "Presente", y haga luego una reverencia o pequeña inclinación al obispo.

El estar de pie es una postura que tiene diversos significados en el contexto de la liturgia. "Las personas se ponen en pie para saludar a otras personas, para honrar a alguien importante, o para expresar su disponibilidad para la acción, o cuando están entusiasmadas. En la tradición litúrgica cristiana, estar de pie es la postura básica de un pueblo pascual levantado para saludar a su Señor resucitado" (IOM, 29 ; traducción provisional). El Cardenal Ratzinger explica el estar de pie como la postura apropiada para un pueblo pascual: "El estar de pie es el gesto del vencedor. Jesús está en pie en la presencia del Padre, está de pie porque ha vencido a la muerte y al poder del mal. Al final de la batalla, es el que permanece en pie. Este estar de pie es también expresión de disponibilidad: Cristo es ensalzado hasta la diestra de Dios para venir a nuestro encuentro... Al estar de pie nos sabemos unidos a la victoria de Cristo".[1] El candidato expresa su disposición para ser ordenado no sólo respondiendo "Presente", sino también por su postura, en pie ante el obispo.

1. Joseph Ratzinger, *El espíritu de la liturgia. Una introducción,* (Madrid: Ed. Cristiandad, 2001), 220.

El rito continúa con un sacerdote designado que le dice al obispo: "Reverendísimo Padre, la santa madre Iglesia pide que ordenes presbítero a este hermano nuestro". El obispo pregunta sobre la idoneidad del candidato, y el sacerdote responde, "Según el parecer de quienes lo presentan, después de consultar al pueblo cristiano, doy testimonio de que ha sido considerado digno". El obispo entonces confirma su elección: "Con el auxilio de Dios y de Jesucristo, nuestro Salvador, elegimos a este hermano nuestro para el Orden de los presbíteros". La asamblea entonces da su consentimiento. En las diócesis de los Estados Unidos, este asentimiento puede tomar diversas formas: una aclamación cantada o recitada, tal como "Demos gracias a Dios" o una acción tal como aplauso o ponerse en pie. La liturgia luego continúa con la homilía.

## Rito preparatorio: Oración litánica

La Oración litánica es el rito preparatorio común en los tres grados del orden sacerdotal. También se llama Letanía de los Santos. Una letanía es una forma de oración que consiste en una serie de peticiones, recitadas o cantadas, con una respuesta fija, tal como "Señor, ten piedad" o "ruega por nosotros". Se divide en dos partes: una serie de peticiones dirigidas directamente a Dios, y la invocación a una serie de santos. Los orígenes de esta oración son oscuros, aunque existen ejemplos de fuentes judías y paganas. La letanía se usaba en la Iglesia primitiva antes de la despedida de los catecúmenos (los que se preparaban al bautismo) que no participaban en las oraciones de los fieles. Hay evidencia de que esta forma de oración litánica se usaba en Roma antes de 225. Además del Rito de ordenación, las letanías son parte de otras celebraciones litúrgicas, tales como los sacramentos del bautismo y la Vigilia Pascual. También son parte de devociones privadas, como la Letanía del Sagrado Corazón o la Letanía Lauretana que se rezan con el Rosario.

La Oración litánica es un ejemplo de la unión de la primitiva Iglesia con la Iglesia celestial que tiene lugar en todas las celebraciones litúrgicas. La liturgia, como indicábamos en el capítulo 2, se celebra sin cesar en el cielo por Cristo, nuestro sumo sacerdote, "con la santa Madre de Dios, los apóstoles, todos los santos, y la muchedumbre de seres humanos que han entrado ya en el reino" (CEC, 1187). Celebrar la liturgia "es el acceso a la liturgia permanente del cielo. Así, y solo así, la liturgia terrena es liturgia: sumándose a lo que ya acontece, a lo que es superior".[2] Suplicamos la intercesión de los santos porque están presentes en nuestras celebraciones litúrgicas y su intercesión es eficaz.

La Letanía de los santos ha sido parte del Rito de Ordenación desde el siglo VII en adelante, "en preparación para la imposición de las manos, para invocar la asistencia de los santos por los que están a punto de ser ordenados".[3] Desde el siglo VIII, los candidatos se postraban durante la letanía.[4] San Juan Pablo II describía esta experiencia de este rito como ordenando y como presidente como obispo y papa: "Hay algo muy impresionante en la postración de los ordenandos, simbolizando una sumisión total ante la majestad de Dios y su total apertura a la acción del Espíritu Santo que descenderá sobre ellos y los consagrará".[5] La postración "expresa la conciencia de nuestra absoluta incapacidad de acoger, únicamente con nuestras fuerzas, la tarea sacerdotal de Jesucristo, hablar con su Yo".[6]

El cardenal Ratzinger describía su experiencia de la Letanía de los santos durante su ordenación episcopal: "Fue para mí maravillosamente consolador sentir a la Iglesia en oración, que invocaba a todos los santos, sentir que la oración de la Iglesia me envolvía y me abrazaba físicamente. En la propia incapacidad, que debía, que debía expresarse corporalmente en el estar postrado, esta oración, esta presencia de todos los santos, de los vivos y los difuntos, era una fuerza maravillosa, y solo ella podía confortarme. Sólo permanecer en esa postura podía hacer posible la salida que estaba delante de mí".[7] La Oración litánica invocando a los santos en el Rito de ordenación ilustra cómo la liturgia integra distintos signos, palabras, música y postura, para significar las realidades sacramentales que implican a toda la persona.

---

2. Joseph Ratzinger, *Un canto nuevo para el Señor* (Salamanca: Sígueme, 2005), 152–153.

3. James Monti, *A Sense of the Sacred: Roman Catholic Worship in the Middle Ages* [El sentido de lo sacro: El culto católico romano en la Edad Media] (San Francisco: Ignatius, 2012), 163.

4. Ibid. Durante el Tiempo Pascual, la congregación permanece en pie; en otros momentos, se arrodilla durante la letanía.

5. Juan Pablo II, *Don y misterio: en el quincuagésimo aniversario de mi sacerdocio,* (Madrid: BAC, 1996), 43–44.

6. J. Ratzinger, *El espíritu de la liturgia*, 213.

7. Ratzinger, 213.

## El rito esencial: la imposición de manos y la plegaria de ordenación

El rito esencial y signo visible para los tres grados consiste en "la imposición de manos del obispo sobre la cabeza del ordenando, así como por una oración consecratoria específica que pide a Dios la efusión del Espíritu Santo y de sus dones apropiados al ministerio para el cual el candidato es ordenado [cf. Pío XII, cons. ap. *Sacramentum ordinis*: DS, 3858]" (CEC, 1573). La imposición de manos se arraiga en la práctica del propio Jesús. Él curó a los enfermos y bendijo a los niños imponiendo las manos sobre ellos (cf. Marcos 6:5; 8:23, 10:16), y capacitó a los apóstoles para hacer lo mismo (cf. Marcos 16:18; Hch 5:12; 14:3). En Hechos de los Apóstoles, el Espíritu Santo es impartido mediante la imposición de las manos (así Hch 8:17–10, 13:3, 19:6; cf. 1 Tm y 2 Tm). La imposición de las manos, escribió san Juan Pablo II, "es continuación del gesto ya practicado en la Iglesia primitiva para indicar el don del Espíritu Santo en vista de una misión determinada (cf. Hch 6:6; 8:17; 13:3). Pablo lo utiliza con su discípulo Timoteo (cf. 2 Tm 1:6; 1 Tm 4: 14.) y el gesto queda en la Iglesia (cf. 1 Tm 5:22) como signo eficaz de la presencia operante del Espíritu Santo en el sacramento del orden.[8] Más todavía "En la carta a los Hebreos, la imposición de las manos figura en el número de los 'artículos fundamentales' de su enseñanza (cf. Hb 6: 2). Este signo de la efusión todopoderosa del Espíritu Santo, la Iglesia lo ha conservado en sus epíclesis sacramentales" (CEC, 699). San Juan Crisóstomo explica la realidad sacramental de este signo litúrgico, "la mano del hombre es impuesta sobre la persona, pero toda la obra es de Dios, y es su mano la que toca la cabeza del ordenando, si está ordenado debidamente".[9]

Para la ordenación de un obispo, por ejemplo, después de que el obispo ordenante ha impuesto las manos sobre la cabeza del elegido en silencio, cada uno de los demás obispos presentes hace lo mismo. Para la ordenación de sacerdotes, después de que el obispo ha impuesto las manos, todos los sacerdotes presentes, revestidos con estolas, imponen las manos sobre los elegidos en silencio. "Mientras se imponen las manos, los fieles oran en silencio, pero participan en la Plegaria de Ordenación

8. Juan Pablo II, *Don y misterio*, 44.

9. Citado en Dumitru Stanliloa, *The Sanctifying Mysteries, the Experience of God, Orthodox Dogmatic Theology* [Misterios que santifican, la experiencia de Dios, la teología dogmática ortodoxa], vol. 5, trad. y edit. de Ioan Ionita y Robert Barringer (Brookline, MA: Holy Cross Orthodox Press, 2012), 164.

escuchándola, y, por medio de la aclamación final, confirmándola y concluyéndola" (RO, 7). Éste es un buen ejemplo de cómo Cristo, Cabeza (obispos y sacerdotes) y Cuerpo (los fieles), actúa en los sacramentos.

### Epíclesis

Revise la sección sobre la epíclesis en el capítulo 1.

A la imposición de manos en silencio sigue la oración consagratoria específica del obispo "que pide a Dios la efusión del Espíritu Santo y de sus dones apropiados al ministerio para el cual el candidato es ordenado [cf. Pío XII, Const. ap. *Sacramentum Ordinis*: DS 3858]" (CEC, 1573). Cada oración de consagración implora el don del Espíritu de manera específica al ministerio —diaconado, presbiterado, episcopado— que se está confiriendo. Así, las palabras esenciales[10] de la Plegaria de ordenación para los obispos son "INFUNDE AHORA SOBRE ESTE TU ELEGIDO / LA FUERZA QUE DE TI PROCEDE: / EL ESPÍRITU DE GOBIERNO QUE DISTE A TU AMADO HIJO JESUCRISTO, / Y ÉL, A SU VEZ, COMUNICÓ A LOS SANTOS APÓSTOLES, / QUIENES ESTABLECIERON LA IGLESIA / COMO SANTUARIO TUYO / EN CADA LUGAR, / PARA GLORIA Y ALABANZA INCESANTE DE TU NOMBRE" (RO, 47). El Espíritu se concede a los obispos para continuar la obra de gobierno de los santos Apóstoles.

La Plegaria de ordenación para los obispos va acompañada por otro signo. Después de la imposición de manos, el obispo principal ordenante (se requieren tres), pone el Evangeliario abierto sobre la cabeza del obispo elegido. Dos diáconos situados a ambos lados del obispo electo mantienen el Evangeliario encima de él hasta el final de la Plegaria de ordenación. Este gesto se atestiguó primero en Siria en el año 380. Se describe en un texto de finales del siglo V: "Cuando se ordena a un obispo, dos obispos deben colocar y mantener el libro de los Evangelios sobre su cuello".[11] Esto parece surgir de la interpretación de los Padres de la Iglesia de Éxodo 28:9–12, que prescribe que los nombres de las

10. Como mencionamos en el capítulo 2, las palabras esenciales son las palabras que "pertenecen a la naturaleza del rito y por consiguiente se requieren para la validez del acto" (Introducción, *Ordenación de diáconos*, núm. 187). Es decir, estas palabras son necesarias para conferir el sacramento. Si no se dicen estas palabras, el sacramento no ha sido conferido y el candidato no ha sido ordenado.

11. *Statuta*, citado por James Monti, *A Sense of the Sacred* [El sentido de lo sacro], 187.

doce tribus de Israel se graben en dos piedras de ónice, seis en cada piedra, que se fijan a los hombros del efod de Aarón, para que pueda "llevar sus nombres ante el Señor sobre ambos hombros, para el recuerdo" (Ex 28:12). Hipólito de Roma, sacerdote y mártir del siglo III, aplicaba este pasaje a Cristo, "el Sacerdote del Dios altísimo e invisible, que en los últimos tiempos ha asumido sobre sí mismo la revelación y la verdad, con la larga túnica (i.e., el efod), llevando en sus dos hombros los dos Testamentos, las revelaciones de la Ley y la 'Verdad' del evangelio, para poder aparecer como perfecto Sacerdote del Padre perfecto".[12] Como el obispo es la manifestación visible de Cristo sumo sacerdote, este acto sacramental significa la comparación de Hipólito y manifiesta la responsabilidad del obispo y su autoridad para enseñar fielmente la plenitud de la revelación de Dios.

Las palabras esenciales para la ordenación de sacerdotes son "TE PEDIMOS, PADRE TODOPODEROSO, / QUE CONFIERAS A ESTOS SIERVOS TUYOS / LA DIGNIDAD DEL PRESBITERADO; / RENUEVA EN SUS CORAZONES EL ESPÍRITU DE SANTIDAD; / RECIBAN DE TI EL SEGUNDO GRADO / DEL MINISTERIO SACERDOTAL / Y SEAN, CON SU CONDUCTA, EJEMPLO DE VIDA" (RO, 131). El Espíritu se les da a los sacerdotes para capacitarlos para participar en el ministerio específicamente sacerdotal de Cristo, progresen en santidad e inspiren santidad en otros a través de su forma de vida.

Finalmente, las palabras esenciales para la ordenación de los diáconos son "ENVÍA SOBRE ELLOS, SEÑOR, EL ESPÍRITU SANTO, / PARA QUE, FORTALECIDOS / CON TU GRACIA DE LOS SIETE DONES, / DESEMPEÑEN CON FIDELIDAD EL MINISTERIO" (RO, 207). Los diáconos son fortalecidos con los siete dones del Espíritu para el ministerio y el servicio. Las palabras esenciales de la Plegaria de ordenación especifican cuáles de los dones del Espíritu son impartidos para cada grado.

Para la imposición de las manos y la Plegaria de ordenación, los candidatos se arrodillan ante el obispo. El arrodillarse es un signo litúrgico que tiene muchos significados. En el Antiguo Testamento, las rodillas eran un símbolo de fuerza: "doblar la rodilla es, por tanto, doblar nuestra fuerza ante el Dios vivo, es el reconocimiento de que todo lo que somos lo hemos recibido de él".[13] En varios pasajes del Antiguo

12. Monti, 187.
13. Joseph Ratzinger, *El espíritu de la liturgia*, 216.

Testamento (2 Cro 6:13; Esdras 9:5; Sal 22:30) es también expresión de culto. En la Edad Media era también signo de homenaje.[14] "Uno se arrodilla como gesto humano de sumisión. En la tradición cristiana, arrodillarse ante Dios es un reconocimiento de ser creaturas. Puede significar penitencia por el pecado, humildad, reverencia y adoración" (IOM, 31; traducción provisional). Como postura prescrita para la Letanía de los Santos, combina varios de estos significados: reconoce que los dones y fuerza impartidos por el sacramento vienen de Dios; significa la obediencia de sacerdotes y diáconos al obispo; y es un signo de humildad ante la grandeza del ministerio que se confiere.

## Ritos complementarios: Unción con el crisma

Uno de los ritos complementarios o explicativos comunes a la ordenación de obispos y sacerdotes es la unción con el santo crisma. Antes de considerar su significado particular en cada rito de ordenación, miremos primero al significado del crisma como signo litúrgico. Además de usarlo en el sacramento del orden, el crisma es empleado también en los sacramentos del bautismo y la confirmación es "un signo de que los cristianos, injertados por el Bautismo en el misterio pascual de Cristo, han muerto, han sido sepultados y resucitados con él, participando de su sacerdocio de su sacerdocio real y profético y recibiendo por la confirmación la unción del Espíritu Santo que se les da".[15] El crisma está hecho de aceite de oliva u otra planta de aceite mezclado con una sustancia aromática, como bálsamo, y es consagrado únicamente por el obispo. El Rito de la consagración del crisma explica el significado del crisma. El obispo comienza por invitar al pueblo a pedirle a Dios "que bendiga este aceite para que todos los que sean ungidos con él se transformen interiormente y lleguen a compartir la salvación eterna". El crisma, en todos sus usos sacramentales, es un signo y medio para la transformación interior por la obra el Espíritu y por tanto contribuye a nuestra salvación.

---

14. Conferencia de Obispos Católicos de los Estados Unidos, *Posturas y gestos corporales en la misa*; disponible en (https://www.usccb.org/es/prayer-and-worship/the-mass/posturas-y-gestos-corporales-en-la-misa).

15. De la "Introducción" al *Rito para la bendición del óleo y la consagración del crisma*, 2, en *Misal Romano*, tercera edición, Apéndice VIII.

El obispo puede escoger entre dos oraciones de consagración. Cada una de ellas revela distintos aspectos del significado y fuerza del Crisma.[16] La primera oración le pide al Padre "la fuerza de tu Espíritu Santo, junto con el poder de Cristo…". Esta oración también explica que el nombre de crisma se deriva de Cristo, "…de quien el santo Crisma toma su nombre y con el cual ungiste a tus sacerdotes, sacerdotes y reyes, a tus profetas y mártires". Esta oración enfatiza su uso en el sacramento del bautismo: "Haz que este Crisma sea sacramento de vida y perfecta salvación en favor de quienes nacerán espiritualmente del agua bautismal…".

La segunda oración agradece que a Dios "haber prefigurado en la Antigua Alianza el misterio del aceite que santifica y haberlo hecho patente de modo especial en tu Hijo amado cuando llegó la plenitud de los tiempos". Así, "mediante este santo misterio del Crisma… repartes a los hombres las riquezas de tu gracia". La oración luego pide, "Señor, te rogamos que, por el poder de tu gracia, esta mezcla de aceite y de perfume se convierta para nosotros en sacramento de tu bendición… Pero sobre todo, por el misterio de este Crisma, haz crecer a tu Iglesia hasta alcanzar aquella medida de plenitud en la que tú, Resplandor de luz eterna, serás todo en todos…".

Cada uno de los sacramentos que incluye unción con el crisma hace crecer la Iglesia: el bautismo incorpora a nuevos miembros al Cuerpo de Cristo; la confirmación capacita a los creyentes con los dones del Espíritu para participar plenamente en la misión de la Iglesia; y por el orden sacerdotal los fieles son instruidos en la auténtica fe de los apóstoles y son santificados principalmente por la Eucaristía y la penitencia. Esta oración ofrece un bello resumen de la fuerza de este signo litúrgico: "Adorna con el esplendor de la santidad los lugares y objetos marcados con este óleo santo".

La postura y los gestos son también parte del rito. Tanto obispos como presbíteros son ungidos arrodillados ante el obispo consagrante, una postura cuyo significado recién comentamos. Los obispos recién ordenados son ungidos en la cabeza. La unción se acompaña por las siguientes palabras de explicación: "Dios todopoderoso, que te ha hecho partícipe del Sumo Sacerdocio de Cristo, / derrame sobre ti el bálsamo de la unción santa, / y con su bendición, haga fecundo tu ministerio" (RO, 85). El *Ritual* explica que por esta unción "se significa la peculiar participación del Obispo en el sacerdocio de Cristo" (RO, 26). Los presbíteros

16. *Rito*, 25.

recién ordenados son ungidos en la palma de las manos. Al efectuar la unción, el obispo dice las siguientes palabras: "Jesucristo el Señor, / a quien el Padre ungió / con la fuerza del Espíritu Santo, / te auxilie para santificar al pueblo cristiano / y para ofrecer a Dios el sacrificio" (RO, 133). "Por la unción de las manos se significa la peculiar participación de los presbíteros en el sacerdocio de Cristo" (RO, 113). Para obispos y presbíteros, la unción con el santo crisma es "un signo de la unción especial del Espíritu Santo que hace fecundo su ministerio" (CEC, 1574).

## Ritos complementarios: la ordenación de obispos

Hay varios ritos de explicación que son específicos para la Ordenación de un obispo: se le entrega el Libro de los evangelios, el anillo, la mitra y el báculo. Cada uno expresa un aspecto importante del ministerio episcopal. El obispo ordenante primero presenta al obispo recién ordenado el Libro de los evangelios con estas palabras: "Recibe el Evangelio / y anuncia la palabra de Dios / con sabiduría y perseverancia" (RO, 86).

Con estos dos gestos con el Libro de los evangelios, sostenido primero sobre su cabeza y luego entregado al nuevo obispo, "se declara como función principal del Obispo la predicación fiel de la palabra de Dios" (RO, 26).

El obispo consagrante pone entonces un anillo en el dedo del obispo recién ordenado y dice: "Recibe este anillo, signo de fidelidad, y protege fielmente a la Iglesia, Esposa santa de Dios" (RO, 51). "Por la entrega del anillo se expresa la fidelidad del Obispo a la Iglesia, esposa de Dios" (RO, 26). Luego, se le impone la mitra en su cabeza, con estas palabras: "Recibe la mitra, brille en ti el resplandor de la santidad, para que cuando aparezca el Príncipe de los pastores, merezcas recibir la corona de gloria que no se marchita" (RO, 53). La mitra, como explica el rito, es un signo de la decisión del nuevo obispo por "alcanzar la santidad" (RO, 26). Finalmente, el nuevo obispo recibe el báculo, con la siguiente instrucción: "Recibe el báculo, / signo del ministerio pastoral, / y cuida de toda tu grey, / porque el Espíritu Santo te ha constituido Obispo, / para que apacientes la Iglesia de Dios" (RO, 54). La entrega del báculo de pastor expresa "su función de regir a la Iglesia que se le ha confiado" (RO, 26).

Si el obispo está siendo ordenado en su propia iglesia (la catedral, del latín *cathedra*, que significa "silla" o asiento), el ordenante principal le invita a ocupar la *cathedra*, que es la silla del obispo. La silla del obispo, su cátedra, es "signo del magisterio y de la potestad del pastor de la Iglesia particular, como también signo de unidad de los creyentes en aquella fe, que el Obispo anuncia como pastor de la grey" (CB, 42). Solamente el obispo diocesano, o un obispo al que le permita usarla, puede ocupar esta silla. De no ser el obispo ordenado en su catedral, toma el primer lugar entre los obispos concelebrantes. El nuevo obispo deja a un lado su báculo y recibe el beso fraterno de cada uno de los obispos presente, comenzando con el consagrante principal. Este beso fraterno "se pone como un sello a su acogida en el Colegio Episcopal" (RO, 26).

Estos diferentes ritos complementarios o explicativos revelan varios aspectos esenciales del oficio episcopal: el Libro de los evangelios es "la señal de su misión apostólica de anuncio de la Palabra de Dios"; el anillo es un signo "de su fidelidad a la Iglesia, esposa de Cristo"; la mitra significa su compromiso a crecer en santidad; y el báculo es un signo de "su cargo de pastor del rebaño del Señor" (ver CEC, 1574).

## Ritos complementarios: nota sobre las vestiduras litúrgicas

Inmediatamente después de la Plegaria de Ordenación, los sacerdotes y diáconos recién ordenados son revestidos con las vestiduras litúrgicas propias de su orden: estola y casulla para los sacerdotes; estola y dalmática para los diáconos. Antes de comentar sobre el significado de estas vestiduras, será útil discutir brevemente el significado litúrgico y sacramental de las vestiduras litúrgicas en general. Para eso debemos remontarnos al Jardín del Edén donde Adán y Eva, aunque sin ropa, "no estaban desnudos porque tenían una ropa maravillosa en forma de la gracia de Dios".[17] Entonces vino la caída, y de pronto estaban "desnudos" y por tanto se escondieron de Dios, porque se dieron cuenta de que se "habían alienado y excluido de la comunicación dadora y preservadora de vida con el Dios vivo".[18] Ellos, y nosotros, experimentaron "la vergüenza de la desnudez, la vergüenza ante el rostro de Dios, de otras personas, e incluso de sí mismos".[19] La ropa es un intento de aliviar esa

17. Michael Kunzler, *The Church's Liturgy* [La liturgia de la Iglesia], trad. de Placed Murray, OSB, Henry O'Shea, OSB y Cilian Ó Sé, OSB (London: Continuum, 2001), 128.

18. Kunzler, 128.

19. Kunzler, 129.

vergüenza, pero sigue siendo "un recuerdo de la gloria perdida del vestido espiritual de la gracia".[20]

Y entonces vino Cristo. Nos restauró la vestidura espiritual de la gracia, como recordó Pablo a los gálatas: "Porque todos ustedes que fueron bautizados en Cristo se han revestido de Cristo" (Gál 3:27). A los corintios les explicó: "Porque lo que es corruptible se debe revestir de incorruptibilidad, y lo que es mortal se debe revestir de inmortalidad" (1 Cor 15:52). Y exhortó a los efesios a "revestirse del hombre nuevo, creado en la justicia de Dios y en la santidad de la verdad" (4:24). Las vestiduras litúrgicas "son anticipación de la vestidura nueva, del cuerpo resucitado de Jesucristo, son anticipación de lo nuevo que nos espera después de la destrucción de esta 'tienda' y que nos da una 'morada permanente'".[21]

Para los presbíteros como signo sacramental de Cristo, las vestiduras litúrgicas que llevan para la celebración de la misa tienen un significado adicional porque "hacen patente que él no está ahí como persona individual, como éste o aquel hombre, sino que está en el lugar de Otro, Cristo. Lo que es meramente privado, puramente individual sobre él debe desaparecer para abrir camino a Cristo... No es él mismo quien es importante, sino Cristo. No es él mismo quien se comunica con los hombres, sino Cristo. Él se convierte en el instrumento de Cristo actuando no desde sus propios recursos, sino como mensajero y, de hecho, como la presencia de otro".[22] Las vestiduras litúrgicas son un signo de esta invitación urgente y poderosa: "Revístanse de Cristo, incluso ahora sean uno con él, incluso ahora, sean miembros de su Cuerpo".[23]

## Ritos complementarios: La ordenación de presbíteros

Además de la unción en las palmas de las manos con el crisma, otros dos ritos complementarios acompañan a la ordenación de presbíteros. Antes de la unción con el crisma, el sacerdote recién ordenado es revestido con la estola y la casulla, ayudado por alguno de los presbíteros presentes. La estola era originalmente un tipo de toalla o bufanda

20. Kunzler, 129.
21. Joseph Ratzinger, *El espíritu de la liturgia*, 244–245.
22. Ratzinger, 216.
23. Ratzinger, 220.

protectora que se convirtió en símbolo de la autoridad sacerdotal, que se llevaba sobre el cuello y caía en listas verticales por el frente. La ley litúrgica actual estipula que la estola se lleve bajo la casulla (cf. IGMR, 337). La casulla comenzó como una capa para ser usada fuera de los edificios por los ciudadanos del mundo grecorromano hasta el siglo V. Era originalmente un cuadro grande, o circular, con una apertura en el medio para la cabeza del que la llevaba, y por eso se llama casulla, del latín *casula*, que significa "casita". En el siglo VII san Isidoro de Sevilla la describía como "una vestimenta provista de una capucha, que es diminutivo de casa, chalet, o choza, y cubre a toda la persona".[24] Para el siglo X, la casulla se veía como símbolo de caridad, como explicaba san Ivo de Chartres (m. 115): "Sobre todas las vestiduras se coloca la casulla... que, como es la vestidura común, significa la caridad, que se pone por encima de todas las virtudes (ver Col 3:12–14) porque las demás virtudes no producen nada de valor sin ella".[25] La casulla se lleva sobre la estola porque en el contexto de la celebración del sacrificio eucarístico, este símbolo de caridad debería ciertamente tomar precedencia sobre el símbolo de la autoridad. Juntos, estola y casulla manifiestan externamente "el ministerio que desde ahora van a ejercer en la liturgia" (RO, 113).

Después de la unción, el obispo presenta a los nuevos presbíteros la patena que tiene el pan y el cáliz que contiene el vino mezclado con agua para la celebración de la misa. Al entregarlos el obispo a los recién ordenados, dice: "Recibe la ofrenda del pueblo santo / para presentarla a Dios. / Advierte bien lo que vas a realizar, / imita lo que tendrás en tus manos / y configura toda tu vida / con el misterio de la cruz del Señor" (RO, 163). El sacerdote pasará el resto de su vida terrena cumpliendo esta encomienda: entender la profunda realidad espiritual del santo sacrificio de la misa, imitando la entrega de Cristo que se hace presente en cada misa, y conformando su vida más completamente al misterio pascual de Cristo. Este rito significa "el deber de los sacerdotes de presidir la celebración eucarística y de seguir a Cristo crucificado" (RO, 113).

Los ritos complementarios o de explicación concluyen cuando el obispo le da al sacerdote recién ordenado el beso fraterno diciendo: "La paz esté contigo", que "pone en cierto modo el sello a la acogida de sus nuevos colaboradores en su ministerio" (RO, 113). Entonces los

---

24. Herbert Thurston, "Chasuble" en *The Catholic Encyclopedia* (New York: Robert Appleton, 1908), 639.

25. James Monti, *A Sense of the Sacred* [El sentido de lo sacro], 169.

presbíteros presentes también "saludan con el beso de paz a los ordenados para el común ministerio en su Orden" (RO, 113).

## Ritos complementarios: La ordenación de diáconos

Hay tres ritos complementarios en la ordenación de diáconos: el revestirlos con estola y dalmática, la entrega del Libro de los evangelios y el beso fraterno. Inmediatamente después de la Plegaria de consagración, el nuevo diácono es revestido con la estola y la dalmática. La dalmática es una vestidura de mangas anchas con aperturas a los lados. Los diáconos originalmente llevaban casulla, pero en el siglo IV en Roma usaban la dalmática los diáconos y el papa, así que se convirtió en la vestidura oficial de los diáconos.[26] La estola del diácono, símbolo de servicio, se usaba originalmente sobre el hombro izquierdo por encima de la dalmática, pero desde el siglo XII ya se usaba como banda de la izquierda a la derecha. La dalmática es la vestidura exterior propia del diácono (aunque no se exige estrictamente). La dalmática y la estola manifiestan visiblemente el ministerio litúrgico del diácono.

Ya revestido con estola y dalmática, el nuevo diácono se arrodilla ante el obispo, que pone el Libro de los evangelios en sus manos y dice: "Recibe el Evangelio de Cristo, / del cual has sido constituido mensajero; / esmérate en creer lo que lees, / enseñar lo que crees / y vivir lo que enseñas" (RO 210). Esta acción y las palabras de explicación significan "la función diaconal de proclamar el Evangelio en las celebraciones litúrgicas y también de predicar la fe de la Iglesia de palabra y de obra" (RO, 188). El obispo dice entonces: "La paz sea contigo" y le da el beso fraterno. El rito concluye con los demás diáconos presentes dando el beso fraterno al nuevo diácono. El beso fraterno del obispo "pone en cierto modo el sello a la acogida de los diáconos en su ministerio" (RO, 188), en tanto que los demás diáconos "saludan con el beso de paz a los ordenados para el común ministerio de su Orden" (RO, 188).

26. La dalmática puede ser usada también por los obispos bajo la casulla para celebraciones solemnes. "Esto se aplica particularmente a la celebración de ordenaciones, la bendición de un abad o abadesa y la dedicación de una iglesia o un altar" (*Ceremonial de los obispos*, 56).

## CONCLUSIÓN

Por el sacramento del orden sacerdotal se imparten los dones y el poder del Espíritu Santo que son apropiados para cada uno de los tres grados: episcopado, presbiterado y diaconado. Esta acción *epiclética* se significa por la silenciosa imposición de las manos y la explicación de las palabras de la Plegaria de ordenación específicas a cada uno de los grados del Orden. El significado de este rito esencial se explica y amplifica por los demás elementos, como la postura (arrodillarse, postrarte, estar en pie), las vestimentas (estola, casulla o dalmática, y las insignias: el anillo episcopal, la mitra y el báculo, e implican a toda la persona. La unión de la liturgia celestial y la terrena se manifiesta por la letanía de súplica. El carácter fraterno dentro de cada grado se significa por el beso fraterno. A través de estos ritos místicos los hombres con configurados en modos distintivos con el único sacerdocio de Cristo, que "es el amor del corazón de Jesús [B. Nodet, *Jean-Marie Vianney, Curé d'Ars* (Juan María Vianney, Cura de Ars), 100]" (CEC, 1589).

Capítulo 6

# El orden sacerdotal: vivir el sacramento

> Eres tú, Pedro. Quieres ser aquí el Suelo
> sobre el que caminan los otros... para llegar
> allá donde guías sus pasos... Quieres ser
> Aquél que sostiene los pasos, como la roca
> sostiene el caminar ruidoso de un rebaño:
> Roca es también el suelo de un templo
> gigantesco. Y el pasto es la Cruz.

> Escribí estas palabras pensando en Pedro y la realidad del sacerdocio ministerial, y buscaba extraer el significado hondo de la postración litúrgica. Yacer postrado en el suelo en forma de cruz previo a la ordenación, aceptando en la propia vida, como Pedro, la cruz de Cristo y, con el Apóstol, haciéndose "suelo" para nuestros hermanos y hermanas, uno encuentra el significado último de la espiritualidad sacerdotal.[1]

El sacerdote es "suelo" para sus hermanos y hermanas. En esta imagen profunda y asombrosa, san Juan Pablo II expresa el significado de la ordenación para la totalidad de la vida, una entrega total de sí mismo a Cristo para los demás, como Cristo se entregó a sí mismo por nosotros, el Buen Pastor que da su vida por sus ovejas (Juan 10:11).

## CARÁCTER INDELEBLE

"Los tres sacramentos del Bautismo, de la Confirmación y del Orden sacerdotal, confieren, además de la gracia, un *carácter* sacramental o 'sello' por el cual el cristiano participa del sacerdocio de Cristo y forma parte de la Iglesia según estados y funciones diversos" (CEC, 1121). Este carácter sacramental "no puede ser reiterado ni ser conferido para un tiempo determinado [cf. Concilio de Trento: DS, 1767; LG, 21, 28, 29; PO, 2]" (CEC, 1582). Esta comprensión de un carácter espiritual o sello viene del

1. Juan Pablo II, *Don y misterio*, 45–46. Disponible en http://www.vatican.va/archive/books/gift_mystery/documents/archive_gift-mystery_book_1996_sp.html.

apóstol Pablo. En dos de sus cartas, Pablo habla del cristiano como marcado con un sello en el contexto de la iniciación (ver CEC, 698). Escribió a los corintios que Dios "también ha puesto su sello sobre nosotros y ha dado el Espíritu a nuestros corazones como primicia" (2 Cor 1:22). Recordó a los efesios que en Cristo "estaban sellados con el Espíritu Santo prometido" (1:13) y los animó a no "entristecer al santo Espíritu de Dios, con el que fueron sellados para el día de la redención" (4:30).

El Concilio Vaticano II explicó el carácter espiritual que se imparte a través del Sacramento del orden sacerdotal; "supone, ciertamente, los sacramentos de la iniciación cristiana, pero se confiere por un sacramento peculiar por el que los presbíteros, por la unción del Espíritu Santo, quedan marcados con un carácter especial que los configura con Cristo Sacerdote, de tal forma que pueden obrar en nombre de Cristo Cabeza" (PO, 2).[2] Este carácter espiritual "convierte al sacerdote en propiedad exclusiva de Cristo. También conforma su persona a Cristo e imprime su imagen en él. Se grava por tanto una impresión en su ser personal, que está dirigida a moldear todas sus acciones y por esta razón, llevan en sí mismos la imagen de las propias acciones del Señor".[3] El carácter espiritual impartido por la Ordenación "es en primer lugar una relación con Dios, con el Padre que, primero a través de Cristo y luego de los sacerdotes, busca revelarse y llevar su propia acción a influir en el mundo".[4] Capacita al sacerdote a "actuar como representante de Cristo, Cabeza de la Iglesia, en su triple función de sacerdote, profeta y rey" (CEC, 1581). El carácter espiritual es el medio por el que Cristo se hace sacramentalmente presente a la comunidad como Buen Pastor: "El carácter sacerdotal imparte la capacidad necesaria para conducir a la comunidad en nombre de Cristo para que sea conducida más y más por el propio Señor".[5]

---

2. "Un sujeto válidamente ordenado puede ciertamente, por causas graves, ser liberado de las obligaciones y las funciones vinculadas a la ordenación, o se le puede impedir ejercerlas [cf. CIC, 290–293; 1336, 1, 3 y 5; 1338, 2], pero no puede convertirse de nuevo en laico en sentido estricto [cf. Concilio de Trento: DS 1774], porque el carácter impreso por la ordenación es para siempre. La vocación y la misión recibidas el día de su ordenación lo marcan de manera permanente" (CEC, 1583).

3. Jean Galot, SJ, *Theology of the Priesthood* (orig. *Teologia del sacerdozio*, Firenze: LEF, 1981) trad. Rev. Roger Balducelli, OSFS (San Francisco: Ignatius, 1985), 206.

4. Galot, 204.

5. Galot, 208. "Un sacerdote u obispo que, en razón de un grave pecado, ya no está más en estado de gracia, aún mantiene su carácter sacramental y, por tanto, todavía sigue vigente su configuración a Cristo Sacerdote". Que todavía celebre válidamente los sacramentos "es una expresión de la misericordia de Dios, porque de este modo los fieles de

Cada grado del orden sacerdotal imparte un carácter especial. Los diáconos están marcados con un carácter "que los configura con Cristo, que se hizo el 'diácono' es decir, el servidor todos [cf. Mc 10:45; Lc 22:27; San Policarpo de Esmirna, *Epistula ad Philippenses* 5,2]" (CEC, 1570). Por la ordenación, los sacerdotes son marcados "con un carácter especial que los configura con Cristo Sacerdote de tal manera que pueden obrar en nombre de Cristo Cabeza" (PO, 2). Debido al carácter sagrado que se imprime en su ordenación, "los obispos, de manera eminente y visible, hacen las veces del mismo Cristo Maestro, Pastor y Sacerdote, y actúan en su nombre [LG, 21]" (CEC, 1558). El carácter espiritual, por tanto, permite a los diáconos hacerse siervos de todos, a los sacerdotes actuar en persona de Cristo Cabeza, especialmente en los sacramentos de la Eucaristía y la penitencia, y a los obispos tomar el lugar del propio Cristo y actuar como sus representantes.

Esto, sin embargo, suscita una pregunta: ¿Son distintos caracteres o uno solo? Afirmar tres caracteres distintos podría ser interpretado como resultado de tres sacramentos distintos, no tres grados de un mismo sacramento, lo que aumentaría el número de sacramentos. Afirmar que es sólo un carácter obviaría la distinción de cada orden. "Una solución sería la de proponer tres caracteres parcialmente diferentes, interdependientes y vinculados de modo armónico, vistos en conjunto como una unidad, y que separados semejarían tres anillos mutuamente vinculados. De este modo, el carácter del diaconado forma la base sobre la cual viene a agregarse el carácter presbiteral y, por lo tanto, a veces, el episcopal".[6]

Esta interpretación, por tanto, sugiere el camino a seguir para nosotros en este capítulo. Empezaremos con el significado del diaconado para la vida, luego se añadirá el del sacerdocio, y concluiremos con el episcopado. El Rito de ordenación para cada grado refleja el significado para toda la vida, así que primero miraremos cada rito, así como los formularios propios (oraciones y prefacio) de la misa ritual para la ordenación. Luego completaremos la información con otras fuentes, como el *Catecismo de la Iglesia Católica* y los documentos del Concilio Vaticano II.

Cristo no están abandonados a la incertidumbre que se derivaría de la dignidad o falta de ella del ministro que dispensa el sacramento" (Paul Haffner, *El misterio sacramental*, 256).

6. Paul Haffner, *El misterio sacramental*, 256.

## El diácono

Uno de los ritos preparatorios a la ordenación es el interrogatorio al candidato que dirige el obispo. Pregunta sobre las obligaciones que el candidato al orden sacerdotal acepta libremente y que delinean los deberes específicos para ese orden sagrado.[7] Cada una de las promesas, como veremos, es la obra de toda una vida. La primera pregunta que se les formula a los candidatos al diaconado es: "¿Quieres consagrarte al servicio de la Iglesia por la imposición de mis manos y la gracia del Espíritu Santo?". La consagración para el ministerio de la Iglesia no es una tarea con horas fijas, sino una vocación, una disponibilidad a las llamadas del Espíritu, una apertura a los demás, en el modo en que Jesús siempre estaba abierto a las necesidades y sufrimientos de los demás. Al candidato luego se le pregunta: "¿Quieres desempeñar, con humildad y amor, el ministerio de diácono como colaborador del orden sacerdotal y en bien del pueblo cristiano?". Aquí resalta no el cumplimiento de una tarea, sino las actitudes para el servicio ministerial: "humildad y amor", es decir, como el propio Cristo (cf. Flp 2:6–11).

La tercera pregunta se refiere a la responsabilidad del diácono respecto a la fe: "¿Quieres vivir el misterio de la fe con alma limpia, como dice el Apóstol y proclamar esta fe de palabra obra, según el Evangelio y la tradición de la Iglesia?". La referencia al Apóstol es de la primera carta a Timoteo: "Los diáconos deben ser dignos… adhiriéndose al misterio de la fe con conciencia limpia" (3:8–9). Esto impone al diácono el compromiso de por vida, de profundizar su comprensión de la fe de la Iglesia, vivirla y enseñarla con sinceridad e integridad. Se le hace administrador de la fe, confiada por el Señor a su Iglesia, y esa es la fe que debe enseñar y no sus propias opiniones.

Si el candidato no está casado, se le pregunta a continuación: "¿Quieres ante Dios y ante la Iglesia, como signo de tu consagración a Cristo, observar durante toda la vida el celibato por causa del Reino de los cielos y para servicio de Dios y de los hombres?".[8] De hecho, "el

---

7. Las preguntas se encuentran en el *Rito de ordenación de diáconos*, núm. 228, Pontifical Romano publicado en *Ritual de la ordenación del obispo, de los presbíteros y de los diáconos*, segunda edición típica, Conferencia del Episcopado Mexicano (México, D.F.: Obra Nacional de la Buena Prensa, A.C., 2005).

8. El Concilio Vaticano II restauró el diaconado permanente, que está abierto a hombres solteros y casados. Los ordenados al diaconado permanente no son candidatos al sacerdocio, aunque los candidatos al sacerdocio son primero ordenados al diaconado,

diaconado permanente vivido en el celibato da al ministerio algunas singulares connotaciones. La identificación sacramental con Cristo, en efecto, se sitúa en el contexto del *corazón indiviso,* es decir, de una opción esponsal exclusiva, perenne y total del único y supremo Amor; el servicio a la Iglesia puede contar con una total disponibilidad; el anuncio del Reino es favorecido por el testimonio valiente de quien, por ese Reino, ha dejado todo, incluso sus bienes más queridos".[9]

Como indica este pasaje del *Directorio,* el celibato para un diácono permanente soltero da una orientación específica a la totalidad de su vida, ya que es una opción libre, permanente y total de servir a Dios con "corazón indiviso" y a hacerse disponible a Dios y a su pueblo como hizo el propio Cristo.

Los que se preparan para la ordenación presbiteral hacen su promesa de celibato en su ordenación diaconal, la promesa no se repite en la ordenación presbiteral. El Concilio Vaticano II explicó el significado del celibato para el sacerdote: "El celibato tiene mucha conformidad con el sacerdocio... Los presbíteros, pues, por la virginidad o celibato conservado por el reino de los cielos, se consagran a Cristo de una forma nueva y exquisita, se unen a él más fácilmente con un corazón indiviso, se dedican más libremente en él y por él al servicio de Dios y de los hombres, sirven más expeditamente a su reino y a la obra de regeneración sobrenatural, y con ello se hacen más aptos para recibir ampliamente la paternidad en Cristo" (PO, 16). Al vivir con alegría y fruto su promesa de celibato, los sacerdotes "evocan el misterioso matrimonio establecido por Dios, que ha de manifestarse plenamente en el futuro, por el que la Iglesia tiene a Cristo como Esposo único. Se constituyen, además, en señal viva de aquel mundo futuro, presente ya por la fe y por la caridad, en que los hijos de la resurrección no tomarán maridos ni mujeres (Lucas 20:35–36)" (PO, 16). Para el sacerdote, por tanto, el celibato es "signo también del amor de Dios a este mundo, y del amor indiviso del sacerdote a Dios y al Pueblo de Dios" (PDV, 29).

Al diácono electo se le pregunta después sobre su compromiso para "conservar y acrecentar el espíritu de oración, tal como corresponde a tu género de vida, y fiel a este espíritu, celebrar la Liturgia de las Horas

---

que se llama diaconado transitorio, ya que es un paso hacia la ordenación sacerdotal. Esta pregunta se les hace a los candidatos solteros al diaconado transitorio y al permanente.

9. Congregación para el Clero, *Directorio para el ministerio y vida de los diáconos permanentes,* capítulo 2, n. 36 (cursivas originales).

según tu condición, junto con el Pueblo de Dios y en beneficio suyo y de todo mundo". La Liturgia de las Horas, también llamada Oficio divino es, "la oración pública de la Iglesia" (SC, 98) en obediencia a la exhortación de san Pablo a los tesalonicenses "oren sin cesar" (1 Tes 5:17). Se compone de salmos, cánticos del Antiguo y Nuevo Testamento (por ej. Is 42:10–16 y Ef 1:3–10), lecturas de la Sagrada Escritura, intercesiones y lecturas de los santos, especialmente de los Padres de la Iglesia. Se compone de cinco "oficios" diarios: Oficio de Lectura, Oración de la mañana (Laudes), Oración del mediodía (Hora intermedia), Oración de la tarde (Vísperas), y Oración de la noche (Completas). "Es en verdad la voz de la misma Esposa que habla al Esposo; más aún, es la oración de Cristo, con su Cuerpo, al Padre" (SC, 84). Junto con la Eucaristía, es una de las piedras angulares de la vida de oración del diácono, suplementada por otras formas de oración, como devociones oficiales, como el Rosario o la Coronilla de la Divina Misericordia, y formas personales de oración mental o contemplativa. En los Estados Unidos, los diáconos permanentes están obligados a orar dos oficios diarios: la Oración de la mañana y la Oración de la tarde.[10]

A esto sigue la pregunta de mayor amplitud: "¿Quieres imitar siempre en tu vida el ejemplo de Cristo, cuyo Cuerpo y Sangre servirás con tus propias manos?" Varias de las oraciones para la misa ritual para la Ordenación de diáconos expresan una idea semejante. La Oración colecta pide que los candidatos sean "constantes en la oración, / y alegres y bondadosos en el ejercicio de su ministerio" (*Misal Romano,* Para conferir las sagradas órdenes, Para la Ordenación de diáconos, A). La Oración sobre las ofrendas le pide a Dios "que, al ofrecernos a ti como oblación espiritual, / quedemos llenos de espíritu de humildad / y de celo en tu servicio" (*Misal Romano,* ibid.). Finalmente, la bendición solemne, en la conclusión de la misa pide: "Que él, que les ha confiado / la misión de predicar el Evangelio /... / los haga en el mundo / ardientes testigos suyos / y ministros de la caridad". Y también: "Que él... / les conceda

10. "Los diáconos permanentes deben incluir en sus oraciones diarias aquellas partes de la liturgia de las horas conocidas como Oraciones de la Mañana y de la Tarde. Los diáconos permanentes están obligados a orar por la Iglesia universal. Cuando sea posible, deben rezar estas oraciones con la comunidad a la que han sido asignados como ministros" (Conferencia de Obispos Católicos de los Estados Unidos, *Directorio nacional para la formación, ministerio y vida de los diáconos permanentes en Estados Unidos*, Washington, DC: USCCB Publishing, 2005), núm. 90; (disponible en www.dolr.org/sites/default/files/documents/7922_1.pdf; acceso el 18 de julio de 2022). Ver CIC, 276 y 1174.

ser imitadores de su Hijo Jesucristo, / para ser en el mundo ministros de la unidad y la paz" (*Misal Romano*, ibid.). Este modo de vida transformado se resume bellamente en el Concilio Vaticano II. En la *Constitución dogmática sobre la Iglesia* (*Lumen gentium*) se exhorta a los diáconos a "recordar el aviso de san Policarpo (martirizado en 155): "Misericordiosos, diligentes, procedan con su conducta según la verdad del Señor, que se hizo siervo de todos" (LG, 29).

La promesa final se refiere a la relación del diácono con su obispo: "¿Prometes obediencia y respeto a mí y a mis sucesores?". El modelo de obediencia del diácono a su obispo es Cristo, "que se humilló hasta aceptar por obediencia la muerte y muerte de cruz" (Flp 2:8). Así, el diácono "caracterizará la propia obediencia en la escucha (cf. Heb 10:5ss; Jn 4: 34) y en la radical disponibilidad (cf. Lc 9:54ss; 10:1ss). Él, por esto, se compromete sobre todo con Dios a actuar en plena conformidad a la voluntad del Padre; al mismo tiempo se compromete también con la Iglesia, que tiene necesidad de personas plenamente disponibles" (DMLPD, 8). San Juan Pablo II comentó sobre la naturaleza de esta obediencia, indicando que "una actitud de contestación, o de oposición a la autoridad" es incompatible con el diaconado, que "no puede ser conferido sino a aquellos que creen en el valor de la misión pastoral del obispo y del presbítero, y en la asistencia del Espíritu Santo que les guía en su actividad y en sus decisiones. [...] El servicio del diácono está dirigido a la propia comunidad cristiana y a toda la Iglesia, hacia la cual debe cultivar una profunda adhesión, por motivo de su misión y a su institución divina".[11]

La exhortación final del obispo a los diáconos recién ordenados expresa concisamente este nuevo modo de vida: "Recibe el Evangelio de Cristo del cual has sido constituido mensajero; esmérate en creer lo que lees, enseñar lo que crees y vivir lo que enseñas" (*Ritual de la ordenación*, 238). El diácono es un heraldo del Evangelio, no sólo con sus palabras sino igualmente, e incluso más, con sus acciones y su vida. Es como una encarnación del Evangelio que proclama.

## EL PRESBÍTERO

Vamos a examinar enseguida el significado de la ordenación en la vida de los presbíteros. Como en el diaconado, empezaremos mirando la

11. Juan Pablo II, Audiencia general del 20 de octubre de 1993, núm. 2, *L'Osservatore Romano*, 21 de octubre de 1993, n. 2.

promesa de los elegidos, teniendo en mente las promesas que hicieron al ser ordenados diáconos.[12] Al presbítero elegido primero se le pregunta sobre su voluntad de "desempeñar siempre el ministerio sacerdotal en el grado de presbítero, como fiel colaborador del orden episcopal, apacentando el rebaño del Señor, bajo la guía del Espíritu Santo". Para los sacerdotes, "el amor del Buen Pastor les impulsa a dar la vida por sus ovejas (Juan 10:11)" (PO, 13). Por ser líderes y ejemplos de vida en su comunidad, deben estar "dispuestos también al sacrificio supremo" y por ser líderes en la comunidad, "practican una ascesis propia del pastor de almas, renunciado a las ventajas propias, sin buscar sus intereses, sino los de muchos para salvarlos (1 Cor 10:33), así progresan más y más en la realización cada vez más perfecta de su tarea pastoral, dispuestos, si es necesario, a emprender nuevos caminos pastorales, guiados por el Espíritu de amor, que sopla donde quiere (ver Juan 3;8)" (PO, 13). Parafraseando a san Juan Bosco, "el sacerdote es sacerdote en el altar; es sacerdote en el confesonario; es sacerdote en la escuela; es sacerdote en la calle; de hecho, es sacerdote en todas partes".[13]

El candidato entonces promete "desempeñar con dedicación y sabiduría el ministerio de la palabra en la predicación del Evangelio y la exposición de la fe católica". Esta promesa compromete al sacerdote a una relación íntima con la Palabra de Dios para toda la vida. "El sacerdote", escribió san Juan Pablo II, "es ante todo, *ministro de la Palabra de Dios*" (PDV, 26). Esta realidad se aplica primero a su encuentro con Cristo en su palabra. "necesita acercarse a la Palabra con un corazón dócil y orante, para que ella penetre a fondo en sus pensamientos y sentimientos y engendre dentro de sí una mentalidad nueva: 'la mente de Cristo' (1 Cor 2, 16), de modo que sus palabras, sus opciones y sus actitudes sean cada vez más una transparencia, un anuncio y un testimonio del Evangelio" (PDV, 26). Su proclamación del Evangelio va más allá de sus homilías y presentaciones catequéticas; es proclamada también por sus opciones y actitudes. El papa Francisco reiteró la importancia de esto en su exhortación *La alegría del Evangelio* (*Evangelii gaudium*): "Quien quiera predicar, primero debe estar dispuesto a dejarse conmover por la Palabra y a hacerla carne en su existencia concreta. De esta manera, la predicación

---

12. Todas las preguntas citadas son del *Rito de ordenación de presbíteros*, núm. 152.

13. Congregación para el Clero, *El presbítero, pastor y guía de la comunidad parroquial*, 11, disponible en http://www.vatican.va/roman_curia/congregations/cclergy/documents/rc_con_cclergy_doc_20020804_istruzione-presbitero_sp.html.

consistirá en esa actividad tan intensa y fecunda que es 'comunicar a otros lo que uno ha contemplado'" (EG, 150, citando a Sto. Tomás de Aquino). La Colecta para la Ordenación de presbíteros y diáconos, expresa bellamente este ministerio de la palabra, pidiendo que quienes van a ser ordenados sean "testigos valientes y humildes de tu Evangelio" (*Misal Romano,* Para conferir las sagradas órdenes, Ordenación conjunta de presbíteros y diáconos en la misma celebración).

Al candidato entonces se le pregunta si "quiere celebrar con piedad y fidelidad los misterios de Cristo, especialmente el sacrificio de la Eucaristía y el sacramento de la Reconciliación, para alabanza de Dios y santificación del pueblo cristiano" (*Rito de la ordenación de presbíteros, cuando se confiere a uno solo,* 152). Esta promesa pone un énfasis especial en los presbíteros como ministros de la Eucaristía y del sacramento de la penitencia. En las celebraciones de la misa, en las que actúan *in persona Christi,* "están invitados a imitar lo que realizan y, pues celebran el misterio de la muerte del Señor, han de procurar dar muerte en sus miembros a las pasiones y vicios" (PO, 13). Además, en su celebración del sacrificio eucarístico, "se ofrecen totalmente a Dios cada día, y, al alimentarse con el cuerpo de Cristo, participan de corazón en su amor, que se da como alimento a los fieles" (PO, 13).

Esta caridad también encuentra expresión cuando celebran el sacramento de la penitencia. Los sacerdotes, "se unen con la intención y con la caridad de Cristo en la administración de los Sacramentos, especialmente cuando para la administración del Sacramento de la Penitencia se muestran enteramente dispuestos, siempre que los fieles lo piden razonablemente" (PO, 13). Para cumplir esta promesa, todo presbítero deberá "conocer las enfermedades del alma y saber aplicarles los remedios convenientes... ejercer con sabiduría su oficio de juez, adquirir la ciencia y la prudencia necesarias con estudio continuo, guiado por el magisterio de la Iglesia, y sobre todo, por medio de la oración al Señor, ya que el discernimiento de los espíritus es un conocimiento íntimo de la acción de Dios en el corazón de los hombres, y es un don del Espíritu Santo y fruto del amor [cf. Flp 1:9/10]" (RP, 10a). A los sacerdotes también se les exhorta a acudir regularmente al sacramento de la Penitencia, "haciéndose a sí mismos testigos de la misericordia de Dios por los pecadores" (PDV, 26). La celebración de los sacramentos, por tanto, compromete a los presbíteros a una formación intelectual continua, así como a una constante persecución de la santidad para conformarse a la disponibilidad y la caridad de Cristo. Esto se expresa en la bendición solemne para la misa ritual para la ordenación: "Que él los haga en el mundo servidores y testigos / de la verdad y del amor divino / y ministros fieles de la reconciliación" (MR, *Para conferir las sagradas órdenes*, Ordenación de presbíteros, A).

Enseguida, el candidato acepta la responsabilidad de "implorar, junto con nosotros, la misericordia divina en favor del pueblo que te sea confiado, cumpliendo así el mandato de orar continuamente". Esta promesa recuerda la promesa que hizo el candidato en su ordenación diaconal "de mantener y profundizar un espíritu de oración" y de "celebrar fielmente la Liturgia de las Horas con y por el Pueblo de Dios y, de hecho, por todo el mundo". El sacerdote electo, por tanto, ya ha creado el hábito de orar fielmente la Liturgia de las Horas. Al orar la Liturgia de las Horas, los sacerdotes "prestan su voz a la Iglesia que persevera en oración en nombre de toda la raza humana, en unión con Cristo que 'vive siempre intercediendo por ellos' (Heb 7:25)" (PO, 13).

En la quinta promesa se pregunta al candidato "¿Quieres unirte cada día más estrechamente a Cristo, sumo Sacerdote, que por nosotros se entregó al Padre como víctima santa, y consagrarte a Dios junto con él para la salvación de los hombres?" (RO, 152). El cumplimiento de esta promesa está conectado íntimamente a la santidad personal del sacerdote porque "aunque la gracia de Dios puede realizar la obra de la salvación también por medio de ministros indignos, sin embargo, por ley ordinaria, Dios prefiere manifestar sus maravillas por medio de quienes hechos más dóciles al impulso y guía del Espíritu Santo, por su íntima unión con Cristo y su santidad de vida, ya pueden decir con el Apóstol: 'Ya no vivo yo; es Cristo quien vive en mí' (Gál 2:20)" (PO, 12). Por esta razón, la Iglesia urge a los sacerdotes a buscar la santidad por "todos los medios oportunos recomendados por la iglesia" para que sean cada vez más dóciles y eficaces representantes de Cristo para la salvación de todos (PO, 12).

La promesa final es "respeto y obediencia" al obispo y sus sucesores, una promesa ya hecha por el candidato en su ordenación al diaconado. El modelo, como indicamos más arriba, es Cristo, que "fue obediente hasta la muerte, y una muerte de cruz" (Flp 2:8) y que aprendió por sus sufrimientos la obediencia (Heb 5:8). Con razón, pues, "la obediencia al Padre está en el mismo corazón del Sacerdocio de Cristo" (DMVP, 56). Es más, la obediencia del sacerdote a sus superiores legítimos se convierte en una mayor fuente de alegría y libertad que ha sido "madurada constantemente ante Dios en la oración" (DMVP, 56). Una petición específica de la Colecta de la misa ritual para la Ordenación expresa el significado amplio de esta virtud: "concede... / perseverar al servicio de tu voluntad / para que, en su ministerio y en su vida, / busquen solamente tu gloria, unidos siempre a Cristo" (MR, *Misa ritual para la ordenación de presbíteros A*).

Hacia el final de su ordenación al diaconado, el sacerdote electo fue apremiado por el obispo a "creer lo que lees, enseñar lo que crees y practicar lo que enseñas" (RO, 210). Como sacerdote recién ordenado, recibe un encargo más. Se arrodilla ante el obispo, que coloca una patena en sus manos, con el pan y el cáliz con vino mezclado con agua y dice: "Recibe la ofrenda del pueblo santo para presentarla a Dios. Advierte bien lo que vas a realizar, imita lo que tendrás en tus manos y configura toda tu vida con el misterio de la cruz del Señor" (RO,163). El misterio de la cruz del Señor es el misterio del amor entregado, un amor que va "hasta el extremo" (ver Juan 13:1). Según san Juan Crisóstomo, esto "significa que no ha dejado nada por hacer que alguien que ame mucho deba hacer".[14] Esa es la caridad pastoral que el sacerdote está llamado a manifestar en su vida.

### Promesas

Resuma las promesas hechas por los candidatos para el diaconado y el sacerdocio. ¿Se repiten algunas promesas?

## El obispo

Ahora pasamos al significado de la ordenación episcopal, teniendo en mente la sobreposición y el acomodo de los anillos como un modo de entender la relación del carácter impreso por la ordenación episcopal sobre los caracteres ya conferidos en la ordenación diaconal y en la presbiteral. Así como los caracteres sacramentales se edifican uno sobre otro, las promesas de los electos también.

La primera pregunta al obispo electo es "¿Quieres consagrarte, hasta la muerte, al ministerio episcopal que hemos heredado de los

14. Joel C. Elowsky, ed., *John 11—21*, en *Ancient Christian Commentary on Scripture*, ed. Thomas C. Oden, New Testament, vol. 4b (Downers Grove, IL: InterVarsity, 2007), 83. En español: *Juan 11—21*, en *La Biblia Comentada por los Padres de la Iglesia*, N.T. 4b (Madrid: Ciudad nueva, 2012).

Apóstoles, y que por la imposición de nuestras manos te va a ser conferido con la gracia del Espíritu Santo?".[15] El oficio que se confiere al obispo es impresionante por su magnitud porque "los obispos, de manera evidente y visible, hacen las veces del mismo Cristo Maestro, Pastor y Sacerdote y actúan en su nombre" (LG, 21). Su significado por la totalidad de la vida del obispo se expresa bellamente en las oraciones de la *Misa ritual para la ordenación de un obispo*. "Concédele... / ... conducir por la palabra y el ejemplo, / guiado siempre por ti, / a la grey que le has confiado" (MR, *Misa para la Ordenación de un obispo*, Colecta, primera opción); "concédele, por la santidad de su vida, / ser auténtico testigo de Cristo en todas partes (ibid., Colecta, segunda opción); y a la Oración sobre las ofrendas: "Concédele la abundancia de las virtudes apostólicas / para bien de tu grey". Su ministerio es de manera preeminente de autoridad y ejemplo, porque debe "ser auténtico testigo de Cristo en todas partes" (ver supra), y, necesita la gracia específica de las "virtudes apostólicas".

Las dos siguientes promesas del obispo electo se refieren a su oficio de enseñanza. Primero, debe "predicar el Evangelio de Cristo con constancia y fidelidad". Según el Concilio Vaticano II, entre los deberes del obispo "destaca la predicación del Evangelio" (LG, 25). Segundo, promete "conservar íntegro y puro el depósito de la fe, tal como fue recibido de los Apóstoles y que la Iglesia ha conservado siempre y en todo lugar". Porque los obispos son "maestros auténticos de la fe, o sea los que están dotados de la autoridad de Cristo, que predican al pueblo que les ha sido encomendado la fe que ha de ser creída y ser aplicada a la vida, y la ilustran bajo la luz del Espíritu Santo, ... y... apartan de su grey los errores que la amenazan" (LG, 25).

El obispo electo debe responder la pregunta de si está decidido a "edificar la Iglesia, Cuerpo de Cristo, y permanecer en su unidad con el Orden de los Obispos, bajo la autoridad del sucesor de Pedro". Por la ordenación, los obispos son constituidos miembros del Colegio de obispos junto con el Papa, pues, "por disposición del Señor, san Pedro y los demás Apóstoles forman un solo Colegio apostólico" (LG, 22). Esto se expresa sacramentalmente por la "antigua práctica de la Iglesia que quiere que para la consagración de un nuevo obispo participen varios obispos [cf. LG, 22]" (CEC, 1559). Además del rebaño confiado a su cuidado, cada obispo comparte con sus hermanos obispos "la misión

15. Todas las preguntas son del *Rito de la ordenación de un obispo*, 40.

apostólica de la Iglesia", su autoridad y responsabilidad son simultáneamente locales y universales (cf. CEC, 1560). Por esta razón, al obispo electo entonces se le pregunta si va a "obedecer fielmente al sucesor de Pedro". Esta comunión con el Papa es vital, porque "el Colegio o Cuerpo de obispos no tiene autoridad, a no ser que se considere en comunión con el Romano Pontífice, sucesor de Pedro, como cabeza del mismo" (LG, 22). Este colegio de obispos unido bajo el papa manifiesta tanto la diversidad como la unidad de la Iglesia: diversidad en virtud de su membresía universal, y unidad "porque está agrupado bajo una sola cabeza" (LG, 22).

Las tres siguientes preguntas se centran en el cuidado del obispo electo sobre el rebaño. "¿Quieres cuidar del pueblo santo de Dios y dirigirlo por el camino de la salvación, con amor de padre, ayudado por tus presbíteros y diáconos?", "¿Quieres ser siempre bondadoso y comprensivo con los pobres, con los inmigrantes y con todos los necesitados?", "¿Quieres, como buen pastor, buscar siempre a las ovejas dispersas y conducirlas al aprisco del Señor?". Estas preguntas utilizan dos imágenes para describir la relación del obispo con los que le son confiados: él debe ser "padre amoroso" y "buen pastor". El sentido de responsabilidad de un padre para con sus hijos no cesa nunca, ni el cuidado de un pastor con su rebaño. Al mismo tiempo, las preguntas reflejan la amplitud del rebaño del obispo, el santo Pueblo de Dios, los pobres, los inmigrantes, todos los necesitados, todos los que se han alejado. Se entiende entonces que la Iglesia provea a los obispos con sacerdotes y diáconos que los ayuden. El obispo puede apropiarse las palabras de san Pablo: "¿Alguien decae sin que yo decaiga? ¿Alguien es escandalizado sin que yo me encolerice?" (2 Cor 11:29).

Finalmente, el obispo electo se compromete a "...orar continuamente a Dios Padre todopoderoso en favor del pueblo santo, y ejercer de manera irreprochable las funciones del sumo sacerdocio". Por tercera vez, primero como diácono y luego como candidato al presbiterado, el obispo electo promete orar sin cesar por el pueblo de Dios. Ya que "representa a la persona de Cristo y es el gran sacerdote de su grey, de quien en cierto modo se deriva y depende la vida en Cristo de los fieles [SC, 41; LG, 21], deberá sobresalir por su oración entre todos los miembros de su Iglesia" (PNGLH, 28). Cumple el oficio de Sumo Sacerdote como su representante ante Dios "para ofrecer dones y sacrificios por los pecados", porque es "el principal dispensador de los misterios de Dios" (CD, 15). Es el "administrador de la gracia del supremo sacerdocio, sobre todo en la Eucaristía, que él mismo celebra, ya sea por sí, ya sea por otros, que hace vivir y crecer a la Iglesia" (LG, 26). Su autoridad es grande porque sus responsabilidades son vastas.

Como vimos ya que sucede con los diáconos y sacerdotes, también se da con los obispos: no puede haber separación entre su ministerio público y su modo de vida. En efecto, "Deben edificar a sus súbditos con el ejemplo de su vida, guardando su conducta de todo mal y, en la medida que puedan y con la ayuda de Dios transformándola en bien, para llegar, juntamente con la grey que les ha sido confiada, a la vida eterna" (LG, 26). La bendición solemne al final de la misa para la ordenación de obispos, en la que preside normalmente el obispo recién ordenado, incluye esta petición, "hazme grato a ti por mis buenas obras" (*Misal Romano,* Para conferir las sagradas órdenes, Para la Ordenación de un obispo). Su ordenación es para la salvación de otros, pero también para su propia salvación.

## La gracia del Espíritu Santo

Hay dos efectos del sacramento del orden sacerdotal. El primero es el carácter sacramental, que comentábamos al principio de este capítulo. El segundo es una gracia específica del Espíritu Santo, que configura a hombres "con Cristo como Sacerdote, Maestro y Pastor de quien el ordenado es constituido ministro" (CEC, 1585). A los diáconos se les concede la gracia del Espíritu para "el servicio del Pueblo de Dios [*diakonía*], en el ministerio de la liturgia, de la palabra y de la caridad [LG, 29]" (CEC, 1588). A los sacerdotes se les concede la gracia del Espíritu Santo para la digna celebración de los sacramentos, especialmente la Eucaristía. Al obispo se le da la gracia de la fortaleza para "anunciar el Evangelio a todos, a ser el modelo de su rebaño, a precederlo en el camino de la santificación identificándose en la Eucaristía con Cristo Sacerdote y Víctima, sin miedo a dar la vida por sus ovejas" (CEC, 1586). A cada grado del sacramento se le da la gracia del Espíritu para capacitar a los receptores a vivir su ministerio en todos los aspectos de su vida.

## Conclusión

Hay varios textos comunes a la ordenación de diáconos, presbíteros y obispos que nos proporcionan una adecuada conclusión para este capítulo. El Prefacio sobre el sacerdocio de Cristo y el ministerio de los sacerdotes que se emplea en las ordenaciones para los tres grados describe el compromiso absoluto de los ordenandos implicado en el sacramento:

> Y, consagrando su vida a ti
> y a la salvación de sus hermanos,
> se esfuercen por reproducir en sí mismos la imagen de Cristo
> y te den un constante testimonio
> de fidelidad y de amor.
> (MR, *Para conferir las sagradas Órdenes*, Prefacio)

Y la Plegaria eucarística I (Canon Romano) incluye esta súplica cuando se usa en la misa ritual en la ordenación de un obispo:

> Conserva en mí tus dones,
> para que, con tu ayuda,
> dé frutos de santidad el ministerio que me has confiado.
> (RO, *Rito de la Ordenación de un Obispo*, 59)

El sacramento del orden sacerdotal es iniciado por Dios y llevado a su plenitud por él.

## PARTE III

# El sacramento del matrimonio

La Biblia comienza y termina con imágenes nupciales. "La Sagrada Escritura se abre con el relato de la creación del hombre y de la mujer a imagen y semejanza de Dios (cf. Gen 1:26–27) y se cierra con la visión de las "bodas del Cordero" (Ap 19:7, 9) (CEC, 1602). Esto captura la riqueza e importancia del sacramento del matrimonio: se enraíza en el plan original de la creación, manifiesta el misterio de Dios uno y trino y es un signo de la relación de Cristo con su Iglesia.

En el capítulo 7 haremos una breve panorámica del sacramento antes de ver el matrimonio en el contexto de la creación y como imagen y semejanza de la Trinidad, que es una comunión amorosa de personas. Dado que el matrimonio es una alianza, exploraremos la relación de alianza de Dios con Israel y su promesa de una nueva alianza en Jeremías 31. Finalmente consideraremos varias figuras y pasajes claves del Antiguo Testamento: Isaac y Rebeca, Tobías y Sara, Cantar de los Cantares, la mujer virtuosa de Proverbios 31 y la promesa una nueva alianza de Jeremías.

En el capítulo 8, estudiamos los signos litúrgicos implicados en el sacramento del matrimonio, tales como la presencia del ministro y la congregación, signos de Cristo, Cabeza y Cuerpo; el mutuo consentimiento nupcial; el intercambio de anillos y la bendición esponsal. También miraremos dos adaptaciones de la cultura hispana: el lazo y las arras.

Finalmente, en el capítulo 9 miramos los lazos maritales del sacramento y la participación en la vida de la Trinidad. Ponderamos la unidad del matrimonio, el don de una nueva vida, el deber de educar a los hijos y la vocación misionera del matrimonio. Estos aspectos del sacramento reflejan el misterio de la Trinidad y la alianza nupcial de Cristo y su Iglesia.

Capítulo 7

# El sacramento del matrimonio: raíces en el Antiguo Testamento

## EN EL PRINCIPIO

Cuando los fariseos le preguntaron sobre la legalidad de que un hombre se divorciara de su mujer por "cualquier causa", Jesús replicó: "Desde el comienzo de la creación, Dios los hizo varón y mujer. Por esta razón un hombre dejará su casa y a su madre y a su padre y se unirá a su esposa y los dos se harán una sola carne. Ya no son dos, sino una sola carne. Por tanto, lo que Dios ha unido, que no lo separe el hombre" (Mc 10:6–9). Cristo mismo enseña que el matrimonio era parte del diseño original de la creación, específicamente en la creación y unión de hombre y mujer, una verdad que reafirma el Concilio Vaticano II: "Dios mismo es el autor del matrimonio" (GS, 48).

Por ser parte de la creación proclamada "buena" por Dios, el matrimonio manifiesta y contribuye a esta bondad inherente. "El bienestar de la persona y de la sociedad humana y cristiana está estrechamente ligado a la prosperidad de la comunidad conyugal y familiar" (GS, 47). Aunque la "fuerza y poder" del matrimonio viene de la creación, "para los fieles cristianos se eleva a una dignidad más alta, ya que se cuenta entre los Sacramentos de la nueva alianza" (RM, *Praenotanda,* 1). Esta elevación de la naturaleza por la gracia se afirma en el prefacio de la misa ritual: "Porque dignificaste tanto al ser humano, creado por bondad tuya, que en la unión del hombre y la mujer has dejado la imagen verdadera de tu amor" (MR, *Para la celebración del matrimonio,* Prefacio del formulario C).

El sacramento del matrimonio es una alianza "por la que el varón y la mujer constituyen entre sí un consorcio de toda la vida" (CEC, 1601 citando CIC, 1055, 1.). Esta sociedad existe para el bien de los esposos y la generación y educación de los hijos, los dos "fines" del matrimonio. Contribuye al bien de los esposos por una distintiva participación en la vida de Cristo: "El contenido de la participación en la vida de Cristo también es específico: el amor conyugal implica una totalidad en la que entran todos los elementos de la persona: la atracción del cuerpo y el instinto, el poder del sentimiento y la afectividad, la aspiración del espíritu y la voluntad" (FC, 13). La generación y educación de los hijos es también una participación en el amor de la Trinidad, porque requiere una cooperación de todo corazón "con el amor del Creador y Salvador", que enriquece a los esposos con el "espíritu de sacrificio" por el que glorifican a Dios y buscan la perfección cristiana (ver RM, 10). Al abrazar estos dos fines del matrimonio, los esposos "se ayudan mutuamente a santificarse" y contribuyen a la construcción del reino de Dios (ver RM, 8). El matrimonio cristiano significa y participa en el "misterio de unidad y amor fecundo entre Cristo y su Iglesia" (ver RM, 8). En las palabras de la liturgia, "en la alianza nupcial se prefigura el sacramento de Cristo y su Iglesia" (MR, *Para la celebración del matrimonio*, Colecta del formulario B; cf. RM, 188).

El matrimonio cristiano posee cuatro bienes y requisitos: unidad, fidelidad, indisolubilidad, y apertura a la fertilidad. Estos cuatro están relacionados intrínsecamente: porque la unidad del matrimonio es "una unidad profundamente personal, la unidad que, más allá de la unión de una carne, lleva a formar un corazón y alma; requiere indisolubilidad y fidelidad en una entrega mutua definitiva; y está abierta a la fertilidad" (FC, 13). No se pueden separar. De manera específica reflejan el misterio de la Trinidad, que es una unidad indisoluble de personas cuyo amor recíproco y fecundo da paso a las inmensas riquezas y belleza del mundo. También hay aspectos intrínsecos de los dos fines del matrimonio, "La íntima unión, como mutua entrega de dos personas, lo mismo que el bien de los hijos, exigen plena fidelidad conyugal y urgen su indisoluble unidad" (GS, 48). Los bienes y requisitos del matrimonio, que son las "características normales de todo amor conyugal natural", reciben a través de la celebración del matrimonio "un nuevo significado que no sólo los purifica y fortalece, sino que los eleva hasta el punto de hacerlos expresión de valores cristianos específicos" (FC, 13).

Como con todos los sacramentos, el sacramento del matrimonio "es signo y comunicación de la gracia" (CEC, 1617), la vida divina y el poder de Dios. Esta gracia perfecciona el amor humano de los esposos, fortalece su unidad y los santifica en el camino de la vida eterna (cf. CEC, 1662). El sacramento da "a los esposos la gracia de amarse con el amor con que Cristo amó a su Iglesia" (CEC, 1661). Además, a través del sacramento, Dios establece entre los esposos un vínculo que es "una realidad ya irrevocable y da origen a una alianza garantizada por la fidelidad de Dios" (CEC, 1640). "Su pertenencia mutua es la representación real, por medio del signo sacramental, de la propia relación de Cristo con la Iglesia" (FC, 13). Esta comunión entre hombre y mujer "representa el misterio de la encarnación de Cristo y el misterio de su alianza" (FC 13). Como el sacramento del orden sacerdotal, el sacramento del matrimonio introduce a "un *ordo* eclesial, [que] crea derechos y deberes en la Iglesia entre los esposos y para con los hijos" (CEC, 1631).

El matrimonio, signo del amor de entrega de Cristo por su esposa la Iglesia, está relacionado intrínsecamente con la Eucaristía, así que el sacramento del matrimonio debería celebrarse normalmente dentro de la misa.[1] San Pablo afirmó el carácter conyugal de ambos sacramentos: "Esposos amen a sus esposas como Cristo amó a su Iglesia y se entregó para santificarla, purificándola por el baño del agua y la palabra, para que se pueda presentar a sí mismo la iglesia en esplendor, sin mancha o arruga o ninguna otra mácula, para que sea santa y sin mancha" (Ef 5:25–27). San Juan Pablo II elaboró sobre la relación entre estos dos sacramentos, llamando a la Eucaristía, la fuente del matrimonio cristiano, porque "representa la alianza de Cristo de amor con la Iglesia sellada con su sangre en la cruz (Juan 19:34)" (FC, 57). La Eucaristía, el sacramento de caridad, es una representación del sacramento del amor de Cristo por su Iglesia, "su Misterio pascual y por tanto para los fieles, se convierte en fuente de caridad" (FC, 57). Los esposos sellan "su consentimiento en darse el uno al otro mediante la ofrenda de sus propias vidas, uniéndose a la ofrenda de Cristo por su Iglesia, hecha presente en el sacrificio eucarístico, y recibiendo la Eucaristía, para que, comulgando en el mismo Cuerpo y en la misma Sangre de Cristo, 'formen un solo cuerpo' en Cristo [cf. 1 Cor 10:17]" (CEC, 1621). Más aún, como Dios bendice a la pareja con hijos, la Eucaristía se hace para la familia cristiana "el fundamento y alma de esta comunión y su misión; hacerse un cuerpo y revelando y compartiendo en la unidad más amplia de la Iglesia" (FC, 57). El Cuerpo de Cristo entregado por nosotros y su Sangre

1. Por razones pastorales, sin embargo, el párroco podría proponer que se celebrara el matrimonio fuera de la misa (ver RM, 29). Hay un rito para el matrimonio entre un católico y un catecúmeno o un no-cristiano (ver RM, 118–143).

derramada por nosotros es "una fuente inagotable de dinamismo misionero y apostólico para la familia cristiana" (FC, 57).

La celebración del sacramento del matrimonio comienza con los Ritos iniciales, para los que hay dos opciones. En la primera forma, el sacerdote saluda a la pareja a la puerta de la iglesia y juntos hacen la procesión al altar. En la segunda forma, el sacerdote se encuentra con la pareja en un lugar preparado para ellos en la iglesia, o va a su sede. Entonces les habla a la pareja y a los presentes para "disponerlos a la celebración del matrimonio" (RM, 52). La misa prosigue con la Liturgia de la Palabra. La homilía, basada en las lecturas bíblicas, debe explicar "el misterio del Matrimonio cristiano, la dignidad del amor conyugal, la gracia del sacramento y las obligaciones de los cónyuges" (RM, 57). Sigue la celebración del matrimonio. Se preguntaa los contrayentes "acerca de la libertad, la fidelidad y la aceptación y educación de los hijos" (RM, 60). Luego declaran su consentimiento, que es "el elemento indispensable 'que hace el matrimonio' [CIC, 1057,1]. Si el consentimiento falta, no hay matrimonio" (CEC, 1626). El sacerdote confirma su consentimiento. Sigue la bendición y la entrega de los anillos y la Oración universal. Luego la misa continúa con la Liturgia eucarística. Después del Padrenuestro, el sacerdote proclama la bendición nupcial. La misa puede concluir con una bendición solemne.

## En el orden de la creación

Como indicábamos más arriba, las raíces del matrimonio en el Antiguo Testamento se remontan a Génesis 1, a la creación del mundo. En el sexto día de la creación, Dios dijo: "Hagamos al hombre a nuestra imagen y semejanza... Dios creó al ser humano en su imagen, en la imagen de Dios los creó; hombre y mujer los creó... y así ocurrió. Dios vio todo lo que había hecho y lo encontró muy bueno" (Gn 1:26–27, 30–31). Las Escrituras enseñan además que el hombre y la mujer fueron creados el uno para el otro. "El Señor Dios se dijo: no está bien que el hombre esté solo; voy a hacerle una ayuda adecuada" (Gn 2:18). Cuando la llevó ante el hombre, éste exclamó: "¡Ésta sí que es hueso de mis huesos y carne de mi carne! Su nombre será Mujer... por eso el hombre abandona padre y madre, se junta a su mujer y se hacen una sola carne" (Gn 2:23–24). La creación de los seres humanos, hombre y mujer, se presenta como la culminación de la creación y las plantas y los animales se crean para ellos y se les dan a ellos (Gn 1:28–30). Por esto la Iglesia enseña que "la vocación al matrimonio se inscribe en la naturaleza misma del hombre y de la mujer, según salieron de la mano del Creador" (CEC, 1603), una verdad que afirma la liturgia del matrimonio cuando invoca: "Dios nuestro, que al crear el género humano / quisiste establecer la unión entre el hombre y la mujer..." (RM, Oración colecta, 189).

El hecho de que el matrimonio sea un aspecto inseparable de la creación lo hace único entre los sacramentos. Como explica san Juan Pablo II: "El sacramento del matrimonio tiene su elemento específico que lo distingue de los demás sacramentos: es el sacramento de algo que parte de la propia economía de la creación: es la alianza conyugal instituida por el Creador, 'desde el principio'" (FC, 68). Varón y mujer fueron creados a imagen y semejanza de Dios, que es una comunión de personas en el amor. De hecho, el amor es la "vocación fundamental e innata de todo ser humano" (CEC, 1604). El amor matrimonial "se convierte en imagen del amor absoluto e indefectible con que Dios ama al hombre" (CEC, 1604).

## ALIANZA

El matrimonio es una *alianza*, una imagen enraizada en el Antiguo Testamento. En el glosario del *Catecismo* se define la alianza como "un acuerdo solemne entre seres humanos o entre Dios y un ser humano que implica un compromiso mutuo o garantías". La palabra "testamento" es sinónimo de "alianza" así que el Antiguo Testamento es un relato de la relación de alianza de Dios con su Pueblo elegido en preparación para la venida de Cristo. El Nuevo Testamento es la revelación de la nueva alianza de Dios en Cristo, establecida, "a través de su muerte sacrificial y su resurrección" (ibid.). La misa es una representación de la nueva alianza de Cristo con su Iglesia y la reafirmación de los fieles de su aceptación y compromiso con esa alianza.

Los profetas del Antiguo Testamento usaban una imagen del amor matrimonial exclusivo y fiel para describir la alianza de Dios con Israel. A través del profeta Oseas, Dios le prometió a Israel, "Aquel día haré en su favor una alianza... Me casaré contigo para siempre, me casaré contigo en justicia y en derecho, en afecto y en cariño. Me casaré contigo en fidelidad, y conocerás al Señor" (2:18, 19–20). El profeta Jeremías reclamaba a Israel y a Judá, cuando describía su idolatría como infidelidad, prostitución y adulterio: "Con su facilidad para prostituirse, profanó el país, porque cometió adulterio con la piedra y con el leño. A pesar de todo, su hermana, Judá, la infiel, no volvió a mí de todo corazón, sino de mentiras" (Jer 3:9–10). Encontramos la misma imagen en el profeta Isaías: "Porque el que te hizo te toma por esposa: su Nombre es Señor Todopoderoso. Tu redentor es el Santo de Israel, se llama Dios de toda la tierra. Como a mujer abandonada y abatida te vuelve a llamar el Señor; como a esposa de juventud, repudiada —dice tu Dios—. Por un instante te abandoné, pero con gran cariño te recogeré. En un arrebato de ira te escondí un instante mi rostro, pero con lealtad eterna te quiero— dice el Señor, tu redentor" (Is 54:5–7).

El *Catecismo* explica que, a través de estas profecías, Dios preparó "la conciencia del Pueblo elegido para una comprensión más profunda de la unidad y de la indisolubilidad del matrimonio [cf. Mal 2:13–17]" (CEC, 1611). San Juan Pablo II vio estos pasajes del Antiguo Testamento como precursores del amor matrimonial: "Su lazo de amor se convierte en imagen y símbolo de la alianza que une a Dios y a su pueblo" (Os 2:21; Jer 3:6–13; Is 54)" (FC, 12). "La alianza nupcial entre Dios y su pueblo Israel había preparado la nueva y eterna alianza mediante la que el Hijo de Dios, encarnándose y dando su vida, se unió en cierta manera con toda la humanidad salvada por Él [GS, 22] preparando así 'las bodas del Cordero'" (CEC, 1612).

### Profundizando en el *Catecismo de la Iglesia Católica*

Lea la descripción de las etapas de la revelación, CEC, 54–73, notando especialmente la importancia de la alianza. ¿Qué significaba cada una de las alianzas?

## Lecturas del Antiguo Testamento

El Leccionario provee varias lecturas del Antiguo Testamento para la celebración del sacramento del matrimonio. Como veremos, ponen la base para aspectos importantes del sacramento. Afirman que Dios no es sólo el autor del sacramento, sino también de cada matrimonio, al que se compromete en fidelidad de alianza. También descubriremos precursores de la bendición nupcial y del libre consentimiento de los esposos. Por último, encontraremos textos que revelan los dos fines del matrimonio: el bien de los esposos y el don de los hijos.

Ya consideramos las dos primeras opciones del Antiguo Testamento: los relatos de la creación del ser humano en Génesis 1 y 2. Una tercera opción, Génesis 24:48–51, 58–67, describe el matrimonio de Isaac y Rebeca. Abrahán, que no quería que su hijo se casara con una cananea, envía a su siervo a buscar una esposa para Isaac hasta la tierra de su propia parentela. Al llegar a la ciudad de Nahor al atardecer, el siervo espera en el pozo fuera de la ciudad y le pide a Dios que le muestre quién será la esposa de Isaac. Entonces ve a Rebeca, la ayuda a sacar agua para sus camellos, le da un anillo para la nariz y dos pulseras de oro. En su conversación con ella, descubre que es de la casa del hermano de Abrahán, por lo que bendice a Dios: "El Señor me ha traído directamente a la casa del hermano de mi señor" (Gen 24:27).

El siervo cena con la familia de Labán, el hermano de Rebeca, pero antes de comer, les dice por qué ha venido. La selección para la celebración del matrimonio centra la historia en este momento. El siervo le pregunta a Labán si está de acuerdo en dar a su hermana a Isaac. Labán reconoce que "esto viene del Señor; no podemos decirte nada a favor o en contra" (Gen 24:50). Cuando el siervo se prepara a marchar, Labán y su madre llaman a Rebeca y le preguntan: "¿Irías con este hombre?" Ella responde: "Así lo haré" (Gen 24:58). Al marchar, la bendicen: "Hermana, que crezcas en miles de miríadas y que tus descendientes tomen posesión de las puertas de sus enemigos" (Gen 24:60).

El pasaje revela varios aspectos importantes del sacramento del matrimonio. En primer lugar, Dios es el verdadero autor de cada matrimonio. Así como Labán ha reconocido que fue Dios quien unió a Isaac y Rebeca, el rito también afirma que es Dios quien ha unido a los contrayentes, pues "les has concedido llegar / al día de los desposorios" (*Ritual del matrimonio*, Conmemoración propia para la Plegaria eucarística I, 202), de modo que "lo que tú has unido, / con tu ayuda se conserve" (RM, *Oración colecta*, 192). Este pasaje del Antiguo Testamento también ilustra la importancia de que los esposos ofrezcan su consentimiento libremente, como hizo Rebeca cuando su familia le preguntó. Por último, la bendición que recibe Rebeca de su familia anuncia la bendición final y el don de los hijos como uno de los fines del matrimonio.

Otra lectura del Antiguo Testamento es la descripción del matrimonio de Tobías con Sara en Tobías 7:6–14. Sara ya había sido entregada en matrimonio siete veces, y todos sus maridos habían muerto en la cámara nupcial. Rafael le dice a Tobías cómo alejar al demonio que mató a los anteriores esposos de Sara (6:16–18). Luego le asegura a Tobías que Sara ha sido escogida para él "antes de que existiera el mundo" y que él la salvará y tendrán hijos juntos. Tobías va a casa de su pariente Raguel y le pide la mano de su hija Sara. Raguel, regocijado al darse cuenta de que Tobías es el hijo de Tobit, asiente rápidamente, confiando que es la voluntad de Dios que cuidará de los dos. Luego toma la mano de Sara y se la da a Tobías, diciendo: "Según el decreto escrito en el Libro de Moisés, te la entrego como esposa. Tómala y llévala a tu padre. Y que el Dios del cielo les conceda un viaje seguro y en paz" (7:12). En este pasaje vemos la bondad y fidelidad de Dios. Los esposos se unen por la gracia y la voluntad de Dios, que los sostiene y los protege en su vida juntos.

Tobías 8:4b–8 es otra opción del Antiguo Testamento y continúa la historia de Tobías y Sara. Registra la oración de Tobías en la cámara nupcial. Tobías empieza por bendecir a Dios. Luego recuerda la creación de Adán y Eva por Dios, "su ayuda y apoyo" (8:6). Luego dice, "no por lujuria, sino con fidelidad, tomo a esta mujer por esposa" (8:7). Finalmente, invoca la bendición de Dios sobre su matrimonio con Sara: "Envíanos tu misericordia y concede que nos hagamos viejos juntos. Bendícenos con hijos" (8:7). Este pasaje también reafirma el matrimonio como parte de la creación y el don de la unidad conyugal. La petición de Tobías de misericordia anticipa temas que se encuentran en la bendición nupcial, específicamente la bendición de los hijos ("Que sean fecundos en hijos", RM, 74), y una larga vida juntos ("Vean ambos a los hijos de sus hijos", RM, 74; "después de una ancianidad feliz", RM, 139, 209). Las lecturas de Tobías "dan testimonios conmovedores del sentido hondo del matrimonio, de la fidelidad y de la ternura de los esposos" (CEC, 1611).

Otra opción del Antiguo Testamento viene del Cantar de los Cantares (2:8–10, 14, 16a; 8:6–7a), una exquisita colección de poemas de amor, organizados para contar una historia dramática de deseo mutuo".[2] Se ha leído como una profunda descripción del amor de Dios por su pueblo, del amor de Cristo por la Iglesia. Estos versos hablan particularmente del matrimonio como ordenado para el bien de los esposos:

2. *Introduction to the Song of Songs*, en *New American Bible*, ed. rev. (Totowa, NJ: Catholic Book Publishing, 2011), 775. Ver también Konrad Schaefer, *Salmos, Cantar de los Cantares y Lamentaciones* (Estella: EVD, 2006).

"Mi amado me habla y me dice, 'Levántate, mi amada, y ven'" (2:10). Afirma su unidad y su indisolubilidad: "Mi amado para mí y yo para él" (2:16a). Alaba la fuerza del amor, "más fuerte que la muerte" (8:6) porque "las aguas profundas no pueden apagar el amor, ni los ríos llevárselo" (8:7a). Y alude al lazo matrimonial mismo: "Ponme como sello en tu brazo, como señal en tu corazón" (8:6). "La Tradición ha visto siempre en el Cantar de los Cantares una expresión única del amor humano, en cuanto éste es reflejo del amor de Dios, amor 'fuerte como la muerte' que ´las grandes aguas no pueden anegar´ (Cant 8:6–7)" (CEC, 1611).

La Iglesia también incluye dos descripciones del Antiguo Testamento de una mujer virtuosa, Proverbios 31:10–13, 19–20, 20–31, y Sirácide 26:1–4, 13–16. Proverbios 31 alaba a la "mujer de valor" que trabaja diligentemente (v. 19), cuida a los pobres y necesitados (v. 20) y teme al Señor. Ella sabe que el encanto y la belleza son efímeros. "Su esposo confía en su juicio" y "sus acciones la alaban a las puertas de la ciudad" (vv. 11, 31). Una buena esposa, dice el Sirácide "se le concede a aquel que teme al Señor" (26:3). Es considerada, elegante y equilibrada, modesta y casta (vv. 13–15). "La belleza de una buena esposa en su casa ordenada" es "como el sol que se levanta en el cielo del Señor" (v. 16). Las virtudes enumeradas en Proverbios y Sirácide se invocan en la bendición nupcial: "que siga siempre el ejemplo de las santas mujeres, / cuya alabanza proclama la Escritura" (RM, 74). La analogía de una buena esposa en su hogar con el sol naciente también se menciona: "Colma de bendiciones a tu hija N., / para que pueda cumplir sus deberes / de esposa [y madre]. / Dé calor a su hogar con un amor puro / y con su afabilidad lo adorne" (RM, 207).

El último pasaje del Antiguo Testamento que consideraremos es Jeremías 31:31–32a, 33–34a, la promesa "de una nueva alianza con la casa de Israel y la casa de Judá" (31:31). Esta nueva alianza es la ley de Dios escrita en sus corazones, la promesa de Dios, "Yo seré su Dios y ellos serán mi pueblo" (Jer 31:33). Acoge a todos: "Todos, de grandes a pequeños, me conocerán" (31:34). Es la promesa definitiva del perdón de Dios: "Ya no recordará su pecado" (Jer 31:34). Este pasaje se cita dos veces en la Carta a los hebreos en el Nuevo Testamento, como que ha sido cumplido por Cristo. El pasaje se cita primero para apoyar la afirmación de que Cristo "ha obtenido un excelente ministerio de tal manera que es el mediador de una mejor alianza, apoyada en mejores promesas" (8:6).

La profecía de una nueva alianza, afirma el escritor, es una declaración de que la alianza previa ya está obsoleta (8:13). El escritor entonces identifica específicamente esta nueva alianza con el misterio pascual de Cristo, el sumo sacerdote eterno, "ofreció un sacrificio por los pecados y tomó su lugar para siempre a la derecha de Dios... porque una ofrenda ha hecho perfecto para siempre a los que están siendo consagrados" (10:12, 14). Apoya esto citando a Jeremías 31:33, que llama el testimonio del Espíritu Santo a nosotros (10:15). La profecía de Jeremías de una nueva alianza, profecía cumplida en Cristo, profundiza nuestra comprensión de la alianza del matrimonio. La Eucaristía es el sacramento de la alianza de Cristo, la representación de "la nueva y eterna alianza" de la que el matrimonio es un signo y de donde el matrimonio deriva su poder. "El matrimonio cristiano vuene a ser por su parte signo eficaz, sacramento de la alianza de Cristo y de la Iglesia" (CEC, 1617).

Los textos del matrimonio exploran la profunda relación entre la dimensión de alianza de estos dos sacramentos. Consideren, por ejemplo, este Prefacio: "Porque estableciste con tu pueblo una nueva alianza, / para hacer partícipes en Cristo / de la naturaleza divina / y coherederos de su gloria / a los que redimiste / por el misterio de su muerte y resurrección. / Y quisiste darnos a entender esta gracia de tu liberalidad / en la unión del hombre y la mujer, / para que el sacramento que ahora celebramos / nos recuerde el designio inefable de tu amor" (MR, *Para la celebración del matrimonio B*, prefacio; RM, 200). El matrimonio es un signo de la nueva alianza en Cristo, que acerca no sólo a los esposos sino a todos los fieles al "designio inefable" del amor trinitario. El designio de amor de Dios también se recuerda en una de las bendiciones nupciales: "Señor, tú que para revelarnos el designio de tu amor, / quisiste dejarnos en el amor de los esposos / una imagen de la alianza que hiciste con tu pueblo / a fin de que, completado con el sacramento, / en la unión conyugal de tus fieles / quedara patente el misterio nupcial de Cristo y de la Iglesia" (RM, 207). Tal es la voluntad amorosa del Creador que el amor marital prefigure la alianza de gracia de Dios con su pueblo y haga visible, "el misterio nupcial de Cristo y de la Iglesia".

### Raíces del Antiguo Testamento

Repase las lecturas del Antiguo Testamento para el matrimonio. ¿Cuál de las lecturas habla de los siguientes aspectos del matrimonio?

1. La pareja es unida por Dios
2. El don de los hijos
3. El consentimiento de los esposos
4. La fidelidad de Dios a la pareja
5. El amor humano, signo del amor divino
6. La relación entre el matrimonio y la Eucaristía.

## CONCLUSIÓN

Estudiar las raíces del sacramento del matrimonio en el Antiguo Testamento nos descubre una rica base para entenderlo. Es único entre los sacramentos por ser parte del plan original de la creación. Enriquece nuestra comprensión de lo que significa ser creados a imagen y semejanza de Dios. Revela que Dios no es sólo el autor del matrimonio sino también el autor y garantía de cada matrimonio en una fidelidad de alianza. Hemos visto también los orígenes bíblicos de la bendición nupcial. Finalmente, nos muestra cómo el sacramento es tanto signo como participación en el amor de la Santísima Trinidad.

Capítulo 8

# El matrimonio: signos y símbolos

## INTRODUCCIÓN

El sacramento del matrimonio está tejido de una diversidad de signos litúrgicos. Emplea gestos como el unir las manos, y elevar las manos en bendición, posturas como estar de pie y arrodillarse, y procesiones. Los anillos expresan realidades humanas y espirituales importantes, como lo hacen los símbolos culturales de las arras y el lazo. El agua bendita se usa como signo de la bendición de Dios. Juntos, estos signos comunican a la pareja "la acción salvífica y santificadora de Cristo" (CEC, 1189). En este capítulo examinaremos estos signos en detalle, porque "una vez que las mentes están iluminadas y los corazones enfervorizados, los signos 'hablan'" (MND, 14).

La celebración del sacramento del matrimonio dentro de la misa consiste de dos partes: los Ritos iniciales que tienen lugar al principio de la misa, y la celebración del matrimonio después de la homilía. A estos sigue la Liturgia eucarística y concluye con una bendición solemne sobre los esposos. En los Ritos iniciales, el sacerdote saluda a la pareja y habla brevemente sobre el sacramento del matrimonio. La misa continúa con la liturgia de la Palabra. La homilía, basada en las lecturas bíblicas, debe explicar "el misterio del Matrimonio cristiano, la dignidad del amor conyugal, la gracia del sacramento y las obligaciones de los cónyuges" (RM, 57). La celebración del matrimonio sigue a esto. A la pareja se le pregunta primero sobre los elementos esenciales del matrimonio: entrar libremente en la alianza del matrimonio, la fidelidad y la indisolubilidad, y la apertura a los hijos. Luego declaran su consentimiento, que el sacerdote recibe en nombre de la Iglesia. A esto sigue la bendición y entrega de los anillos y la Oración universal. La misa continúa con la Liturgia eucarística. Después del Padrenuestro, el sacerdote imparte la bendición nupcial. La misa puede concluir con una bendición solemne. La figura 8.1 resume la celebración del matrimonio.

Figura 8.1 Estructura del sacramento

| Ritos iniciales<br>(recepción a la entrada de la Iglesia o en el lugar preparado para ellos en la iglesia) |
|---|
| Liturgia de la Palabra: Lecturas y homilía |
| Celebración del matrimonio (todos de pie) |
| Preguntas |
| Consentimiento (con las manos unidas) |
| Bendición de los anillos (señal de la cruz, agua bendita) |
| Entrega de anillos (himno o cántico) |
| Oración universal |
| Liturgia eucarística |
| Bendición nupcial<br>(epíclesis, manos extendidas)<br>(El embolismo después del Padrenuestro se omite) |
| Signo de paz |
| Rito de conclusión<br>Bendición solemne<br>(epíclesis, manos extendidas) |

## LOS RITOS INICIALES

Hay dos opciones para los Ritos iniciales. En la primera opción, el sacerdote, revestido de blanco u otro color festivo, recibe a la pareja a las puertas de la iglesia, "y los saluda afablemente, haciéndoles saber que la Iglesia comparte su alegría" (RM, 45). En la segunda forma, el sacerdote se encuentra con la pareja en el lugar preparado para ellos en la iglesia, o va a su sede. Cuando todos los participantes están ya en sus lugares, el sacerdote se dirige a la pareja y a los demás presentes para "disponerlos a la celebración del Matrimonio" (RM, 52). El rito proporciona dos modelos, estipulando que el sacerdote pueda "usar éstas o semejantes palabras". Para la pareja, "este momento es de singular importancia" (RM, 52) porque en este día "van a unir para siempre sus vidas delante de Dios" (RM, 53). Se exhorta a la asamblea a apoyar a la pareja con oraciones, afecto, y amistad y a escuchar "atentamente con ellos la Palabra que Dios nos va a dirigir hoy" (RM, 52). Se recuerda a todos los presentes que se reúnen como parte de la Iglesia universal y que con ella unen sus oraciones por los contrayentes, siervos de Dios, "para que acoja complacido a estos hijos suyos que van a contraer Matrimonio, los bendiga y les conceda vivir en unidad permanente" (RM, 52). Esto puede concluir con peticiones especiales por la pareja: "Que Dios les escuche en este día de gozo para ustedes, les otorgue su bendición celestial y los proteja. / Que les conceda los deseos de su corazón y atienda todas sus peticiones" (RM, 53).

Estos ritos iniciales son significativos por el lenguaje de signos que utilizan. El sacerdote saluda a la pareja a la puerta para mostrar que la Iglesia comparte su alegría. La procesión hacia el altar significa que el matrimonio es un signo de la entrega amorosa de Cristo a su Iglesia. Las instrucciones para los asistentes enfatizan que la celebración de este sacramento, como con todos los sacramentos, no es una celebración privada, sino una celebración de toda la Iglesia, el Cuerpo de Cristo, Cabeza y miembros. Finalmente, el rito incluye una sencilla catequesis sobre el sacramento para facilitar a todos los presentes a participar más plenamente en la celebración.

## Introducción a la celebración del matrimonio

Después de la homilía, todos se ponen en pie para la celebración del matrimonio. Este es otro ejemplo de la importancia de la postura en la liturgia. Estar en pie es "la postura básica del pueblo pascual, levantado para saludar a su Señor resucitado" (IOM, 29; traduccion provisional), la postura de "quienes han sido elevados con Cristo y que 'están en la búsqueda de cosas superiores' [cf. Mt 6:33]".[1] También expresa la disposición a la acción. Es una postura particularmente apta para celebrar el sacramento del matrimonio, que es un signo del amor de entrega y alianza de Cristo por la Iglesia, un sacramento que en sí mismo "viene a ser... signo eficaz, sacramento de la alianza de Cristo y de la Iglesia" (CEC, 1617).

El sacerdote empieza por dirigirse a la pareja. Podría usar los comentarios en el rito "o palabras semejantes". En el modelo de introducción, el sacerdote empieza resumiendo por qué la pareja ha venido a la Iglesia,

1. Conferencia de Obispos Católicos de los Estados Unidos, *Posturas y gestos corporales en la Misa*, disponible en https://www.usccb.org/es/prayer-and-worship/the-mass/posturas-y-gestos-corporales-en-la-misa (acceso el 20 de julio de 2022).

para que Dios "selle con su gracia la voluntad que tienen de contraer Matrimonio ante el ministro de la Iglesia y la comunidad cristiana aquí reunida" (RM, 59). Luego caracteriza brevemente el significado del sacramento del matrimonio, explicando que Cristo "que los consagró un día con el santo Bautismo, los enriquece hoy y les da la fuerza con un sacramento especial para que se guarden mutua y perpetua fidelidad y puedan cumplir las demás obligaciones del Matrimonio" (RM, 59).

## CONSENTIMIENTO

El consentimiento mutuo de los esposos "el elemento indispensable 'que hace el matrimonio' [CIC, 1057,1]" (CEC, 1626). Por medio de este consentimiento, que es irrevocable, los esposos "se entregan y se reciben mutua y libremente" (RM, 2). Este consentimiento establece la alianza del Matrimonio; sin él no hay matrimonio. Por esta razón, la Iglesia católica enseña que "los esposos, como ministros de la gracia de Cristo, manifestando su consentimiento ante la Iglesia, se confieren mutuamente el sacramento del Matrimonio" (CEC, 1623).

Este consentimiento debe ser un acto libre de la voluntad de cada esposo, sin coerciones o imposiciones por temor (cf. CEC, 1628). El sacerdote pregunta a la pareja sobre su libertad para entrar en el matrimonio y su entendimiento de los dos bienes del matrimonio. Primero pregunta a los novios: "N. y N., ¿vienen libre y voluntariamente a contraer Matrimonio, sin ser presionados?" (RM, 60). Enseguida les pregunta si "están decididos a amarse y respetarse mutuamente, siguiendo el modo de vida propio del Matrimonio durante toda la vida". Finalmente, pregunta a los contrayentes si "están dispuestos a recibir de Dios responsable y amorosamente los hijos, y a educarlos según la ley de Cristo y de su Iglesia" (RM, 60).[2] Estos son signos concretos que establecen la libertad necesaria para entrar en el matrimonio y cumplir los dos fines del matrimonio: el bien de los esposos y la procreación y educación de los hijos.

El sacerdote luego invita a la pareja a unir sus manos y a declarar su consentimiento "ante Dios y su Iglesia" (RM, 61). El acto de unir las manos se encuentra en Tobías, cuando Raguel tomó a su hija Sara "de la mano y se la entregó a Tobías" (Tob 7:12; cf. James Monti, 213). El novio dice a la novia; "Yo, N., te recibo a ti, N., como esposa / y me entrego a

---

2. Esta pregunta se puede omitir si las circunstancias, tales como la edad de los contrayentes, lo aconsejan.

ti, / y prometo serte fiel / en la prosperidad y en la adversidad, / en la salud y en la enfermedad, / y así amarte respetarte / todos los días de mi vida" (RM, 62). La novia pronuncia entonces las mismas palabras que el novio: "Yo, N., te recibo a ti, N., como esposo / y me entrego a ti, / y prometo serte fiel / en la prosperidad y en la adversidad, / en la salud y en la enfermedad, / y así amarte respetarte / todos los días de mi vida" (RM, 62). Las promesas son idénticas. El Ritual ofrece la opción de expresar el consentimiento mediante preguntas: "N, ¿quieres ser mi esposa?" Y ella responde "Sí, quiero". A su vez ella pregunta: "N., quieres ser mi esposo?" Y él asiente con "Sí, quiero". Luego cada cual formula a su vez, las promesas matrimoniales. En otra opción todavía, el ministro puede preguntar: "N., ¿quieres recibir a N., como esposa, / y prometes serle fiel...", a lo que el novio responde "Sí, quiero". A su vez, el novio será interrogada en idéntico sentido, y responderá consecuentemente (RM, 63).

El sacerdote, cuya presencia es un signo visible de que el matrimonio "es una realidad eclesial" (CEC, 1630), confirma el consentimiento de los contrayentes "en nombre de la Iglesia" (CEC, 1630). El rito proporciona al ministro dos fórmulas para confirmar el consentimiento: "El Señor confirme con su bondad / este consentimiento / que han manifestado ante la Iglesia / y les otorgue su copiosa bendición. / Lo que Dios ha unido, / no lo separe el hombre". O bien: "Dios de Abrahán, / el Dios de Isaac, / el Dios de Jacob, / el Dios que unió a nuestros primeros padres en el paraíso, / confirme este consentimiento mutuo / que ustedes han manifestado ante la Iglesia / y, en Cristo, les dé su bendición. / Por lo tanto, lo que Dios ha unido, / no lo separe el hombre" (RM, 64). El sacerdote invita entonces a la asamblea: "Bendigamos al Señor", a lo que ella responde:"Demos gracias a Dios" (RM, 65) u otra aclamación semejante. Esta participación por parte de la asamblea enfatiza, una vez más, la dimensión eclesial del matrimonio.

## Bendición y entrega de los anillos

Al intercambio y confirmación del consentimiento, elemento esencial del sacramento, sigue la bendición y entrega de los anillos. La costumbre de los anillos de boda se tomó de los anillos de compromiso romanos en una fecha temprana. La bendición cristiana más antigua de los anillos viene del matrimonio del rey de Inglaterra Edilwulf con Judit de Francia en el año 856. La bendición explicaba el significado de este signo litúrgico: "Recibe el anillo, signo de fidelidad y amor, y el lazo de la unión conyugal, de modo que el hombre no debe separar lo que Dios ha unido".[3]

La costumbre de poner el anillo en el dedo anular data de san Isidoro de Sevilla (m. 636) que "lo atribuía a la creencia de que había una vena en el anular que iba directamente al corazón", una creencia que se remonta al autor romano Plinio el Viejo (m. 79 d. C.).[4] En la Edad Media el colocar el anillo iba acompañado por una fórmula trinitaria. Según un texto litúrgico de finales del siglo XV, "el sacerdote debe colocar el anillo en el pulgar del novio, diciendo, *En el nombre del Padre*. Y luego en el índice, y debe decir: *Y del Hijo*. Luego en el dedo corazón, y debe decir: *Y del Espíritu Santo*. Luego, debe dejar el anillo en el dedo anular del novio, diciendo: *Amén*".[5]

El rito comienza con la bendición de los anillos por el sacerdote. Provee tres fórmulas distintas:

- "El Señor bendiga ✠ estos anillos / que van a entregarse el uno al otro, / en señal de amor y de fidelidad" (RM, 66).
- "Bendice, ✠ Señor, estos anillos / que bendecimos en tu nombre, / para que quienes los lleven..." (RM, 194).
- "Bendice ✠ y santifica, Señor, / el amor de tus servidores (N. y N.), / y que estos anillos, signo de fidelidad, / les recuerden su promesa de amor mutuo" (RM, 195).

La bendición incluye la señal de la cruz y el sacerdote puede rociar los anillos con agua bendita.

La bendición de los anillos es un ejemplo de sacramental. Los sacramentales son signos sagrados instituidos por la Iglesia, "imitando de alguna manera a los sacramentos" (CEC, 1667 citando SC, 60 y refiriendo a CIC, 1166 y CCEO 867). Los efectos que significan son "obtenidos por la intercesión de la Iglesia" (Ibid.). Se diferencian de los sacramentos en tres modos importantes:

1. Los siete sacramentos han sido instituidos por Cristo, mientras que los sacramentales son instituidos por la Iglesia.

---

3. James Monti, *A Sense of the Sacred. Roman Catholic Worship in the Middle Ages* [El sentido de lo sagrado: El culto católico romano en la Edad Media] (San Francisco: Ignatius, 2012), 215.

4. Monti, 216.

5. Monti, 217.

2. Los sacramentos son eficaces dondequiera que se celebren usando el rito aprobado por la Iglesia y por el ministro apto, que, al hacerlo, tiene la misma intención que la Iglesia.[6] Los sacramentales son eficaces por la oración de la Iglesia.
3. Los sacramentos confieren la gracia siempre que se celebren "conforme a la intención de la Iglesia" (CEC, 1128), mientras que los sacramentales "preparan a recibirla [la gracia] y disponen a cooperar con ella" (CEC, 1670) y santifican "las diversas circunstancias de la vida" (CEC, 1677).

Los sacramentales normalmente incluyen una oración y un signo, como la señal de la cruz, o el rociar de agua bendita. Ejemplos de sacramentales incluyen las bendiciones de personas, lugares, comidas y cosas, así como exorcismos.

El uso del agua bendita es una tradición antigua. El agua se usaba en rociamientos purificadores en los monasterios franceses del principio de la Edad Media. Comenzando en el siglo VIII, esto se convirtió en una bendición del agua y aspersión antes de la Eucaristía. Fue adoptado en parroquias e incorporado en el misal de 1570. El significado de la aspersión cambió de purificación a recuerdo del bautismo, como explica el Rito de bendición y aspersión del agua en el Misal actual: "Queridos hermanos, invoquemos a Dios Padre todopoderosos, para que bendiga esta agua que va a ser derramada sobre nosotros en memoria de nuestro Bautismo" (*Misal Romano,* Apéndice III, 2).

El rito actual conserva el simbolismo tradicional que se comentaba anteriormente. Los anillos o alianzas son, en primer lugar, "señal de amor y fidelidad" (RM, 66 y 67A) y un recuerdo de "su promesa de amor mutuo" (RM, 195). Una de las fórmulas de bendición pide que quienes lleven estos anillos "se guarden íntegra fidelidad el uno al otro, / y vivan en paz amándose siempre" (RM, 194). El simbolismo trinitario que se comentaba arriba (aunque no el gesto que lo acompaña) se conserva en el rito actual. Las palabras que dice cada contrayente cuando pone el

6. "Tal es el sentido de la siguiente afirmación de la Iglesia [cf. Concilio de Trento: DS, 1608]: los sacramentos obran *ex opere operato* (según las palabras mismas del Concilio: 'por el hecho mismo de que la acción es realizada'), es decir, en virtud de la obra salvífica de Cristo, realizada de una vez por todas. De ahí se sigue que 'el sacramento no actúa en virtud de la justicia del hombre que lo da o que lo recibe, sino por el poder de Dios' [Santo Tomás de Aquino, *Summa theologiae*, III, 68, 8]" (CEC, 1128).

anillo concluyen con la fórmula trinitaria: "En el nombre del Padre, / y del Hijo, y del Espíritu Santo" (67A).

> **Profundizando en el Catecismo**
>
> Lea la sección del *Catecismo de la Iglesia Católica* sobre los sacramentales, 1667–1679.

## Bendición nupcial: La epíclesis

La celebración continúa con la Liturgia eucarística. Después del Padrenuestro la oración "líbranos, Señor..." se omite y el sacerdote invoca la bendición de Dios sobre la pareja; es la Bendición nupcial, que nunca se omite. Existen numerosos ejemplos del Antiguo Testamento de bendiciones que se dan a la novia o a los esposos. Como se mencionaba en el capítulo 2, la invocación al Espíritu Santo, la epíclesis, es uno de los elementos centrales de todo sacramento. La epíclesis del sacramento del matrimonio es la Bendición nupcial, por la que los esposos "reciben el Espíritu Santo como Comunión de amor de Cristo y de la Iglesia [cf. Ef 5:32]" (CEC, 1624). Este don del Espíritu Santo es activo de tres modos en el sacramento del matrimonio:

- primero, es "el sello de la alianza de los esposos",
- segundo, es "la fuente siempre generosa de su amor", y
- en tercer lugar, es "la fuerza con que se renovará su fidelidad" (cf. CEC, 1624).

El don del Espíritu Santo específico para el sacramento del matrimonio fortalece y sostiene a la pareja durante su vida juntos.

Para la Bendición nupcial la pareja se acerca al altar, o permanece en sus puestos, y se pone de rodillas. El sacerdote entonces invita a la asamblea a orar. La invitación resume el significado de la Bendición nupcial. Una forma pide a Dios que "derrame la gracia de su bendición / sobre estos hijos suyos... / que acaban de contraer Matrimonio en Cristo, / y a los que unió en santa alianza" (RM, 73; cf. MR, *Bendición nupcial A*). La segunda forma le pide que los esposos "vivan siempre unidos por el amor" (RM, 206; cf. MR, *Bendición nupcial B*). La tercera forma ruega que Dios "bendiga y proteja a estos esposos / a quienes ha enriquecido / con el sacramento del Matrimonio" (RM, 208; MR, *Bendición nupcial C*).

Se invoca al Espíritu Santo para que perseveren en un mismo amor quienes "acaban de contraer Matrimonio en Cristo" (RM, 73). El Espíritu Santo ahora concedido será una fuente constante de ayuda durante toda la vida de la pareja.

### Postura

Repase los distintos significados de ponerse de rodillas en la liturgia (ver capítulo 2). ¿Qué significados tienen como postura para la Bendición nupcial?

El sacerdote entonces extiende las manos sobre la novia y el novio, en gesto epiclético, y pronuncia la Bendición nupcial. El Ritual actual ofrece tres formas de la Bendición nupcial (referidas aquí como A, B y C, conforme al *Misal Romano* [ver RM 74, 207–209]). Esta bendición se compone de varias secciones distintas, que se resumen en la figura 8.2

Figura 8.2. Estructura de la Bendición nupcial

| *Bendición nupcial A* | *Bendición nupcial B* | *Bendición nupcial C* |
|---|---|---|
| Resumen de la creación | Resumen de la creación | Resumen de la creación |
| Signo de la alianza de Cristo con la Iglesia | Signo de la alianza de Cristo con la Iglesia | Petición por cada contrayente |
| Invocación al Espíritu Santo | Invocación al Espíritu Santo | Invocación al Espíritu Santo |
| Peticiones por cada contrayente | Peticiones para la pareja | Peticiones para la pareja |
| Petición de salvación última | Petición de salvación última | Petición de salvación última |

Las tres Bendiciones nupciales comienzan colocando el matrimonio como parte del plan de la creación. El tratamiento más completo se encuentra en la Forma A: "Dios nuestro, tú que con tu poder / lo hiciste todo de la nada / [...] / modelaste al hombre y a la mujer / [...] / de modo que no fueran dos seres sino uno solo, / enseñándonos que nunca es lícito separar / lo que tú quisiste unir" (MR, *Bendición nupcial A*; RM, 74). Esta bendición rememora la creación del mundo, la creación del hombre y la mujer a imagen de Dios y la unidad e indisolubilidad de su unión.

La siguiente opción (Forma B) se describe el matrimonio como imagen de la alianza de Cristo con la Iglesia: "Señor... / quisiste dejarnos en el amor de los esposos / un bosquejo de la alianza que hiciste con tu pueblo, / a fin de que, completado con el sacramento, / en la unión conyugal de tus fieles / quedara patente el misterio nupcial / de Cristo y de la Iglesia" (MR, *Bendición nupcial B*; RM, 207). Esta sección de la bendición entreteje concisamente tres temas de alianza: la alianza de Dios con su pueblo Israel, la alianza del matrimonio y la alianza de Cristo con su esposa, la Iglesia. La alianza del matrimonio fue anunciada por la alianza de Dios con su pueblo, y a través del signo sacramental los esposos manifiestan "el misterio nupcial / de Cristo y de la Iglesia" (MR, *Bendición nupcial B*; RM, 207).

Sigue la epíclesis o invocación del Espíritu Santo, sobre la pareja. Cada Bendición nupcial revela un aspecto distinto del don del Espíritu Santo. La forma A enfatiza el don del Espíritu como fuente de fidelidad matrimonial: "Envía sobre ellos la gracia del Espíritu Santo..." (MR, *Bendición nupcial A*; RM, 74). La forma B se refiere al poder del Espíritu Santo: "Extiende sobre estos hijos tuyos N. y N. tu mano amorosa / e infunde en sus corazones la fuerza del Espíritu Santo" (MR, *Bendición nupcial B*; RM, 207). También hace una referencia explícita al gesto epiclético, pidiendo a Dios que extienda su mano sobre la pareja. La forma C pide el don del amor divino: "que la fuerza de tu Espíritu Santo / inflame sus corazones..." (MR, *Bendición nupcial C*; RM, 209). Fidelidad, poder y corazones inflamados con el amor de la Trinidad son los dones específicos concedidos a la pareja por el Espíritu Santo.

Las siguientes secciones de la Bendición nupcial solicita gracias para cada esposo y para ambos, como pareja. Esto se discutirá en el capítulo siguiente, pues revelan importantes aspectos del significado del sacramento para la vida de pareja. La Bendición nupcial concluye con las peticiones para la salvación último o definitiva de la pareja. La forma A pide que "alcancen la felicidad de los justos / en el Reino de los cielos" (MR, *Bendición nupcial A*; RM, 74). La forma B implora que los esposos lleguen a "participar algún día alegremente, / del banquete celestial" (MR, *Bendición nupcial B*; RM, 207). La petición en la forma C es la más simple: "Y... lleguen al Reino de los cielos" (MR, *Bendición nupcial C*; RM, 209).

## ADAPTACIONES: ARRAS Y LAZO

Todos los sacramentos permiten ciertas adaptaciones, que se indican en la última sección de la Introducción que se encuentra el principio de cada libro ritual. Por ejemplo, el *Ritual del matrimonio* estipula que, "terminada la entrega de los anillos, teniendo en cuenta las costumbres del lugar, se puede proceder a la coronación de la esposa o a la velación de los esposos" (RM, 41.5). La unión de las manos y la Bendición y la Entrega de los anillos pueden omitirse o reemplazarse, de ser "incompatibles con las costumbres del pueblo" (RM, 41.6). Finalmente, anota: "Se considerará con atención y prudencia qué es lo que puede admitirse de las tradiciones y manera de ser de cada pueblo" (RM, 41.7). Un ejemplo de esto es la opción aprobada por los obispos estadounidenses de incluir dos elementos de la tradición cultural hispana: la Bendición y entrega de las arras y la Bendición e imposición del lazo o velación.

La Bendición y entrega de las arras normalmente tiene lugar después de la Bendición y entrega de los anillos. El rito (RM, 67B) comienza por bendecir las arras:

> Bendice, ✠ Señor estas arras
> que N. y N. se entregan,
> y derrama sobre ellos la abundancia de tus bienes.

Luego, el novio entrega las monedas a la novia, que las recibe colocando sus manos debajo de las manos del novio. Al entregar las monedas, el novio dice: "N. recibe estas arras / como prenda de la bendición de Dios / y signo de los bienes que vamos a compartir" (RM, 67B). La esposa recibe las arras y luego se las da al esposo y dice: "N., recibe estas arras / como prenda de la bendición de Dios / y signo de los bienes que vamos a compartir" (RM, 67B). Las palabras indican que con las arras cierran el contrato matrimonial. Las arras son un signo de la bendición de Dios y también un signo de que la pareja va a compartir todos los bienes.[7] Según la costumbre, se usan a menudo trece monedas como signo de prosperidad,[8] aunque también se mira allí "la presencia de Cristo y sus discípulos".[9]

---

7. Cf. RM, 67B.

8. James I. Empereur y Eduardo Fernández, *La vida sacra: Contemporary Hispanic Sacramental Theology* (Lanham, MD: Rowman and Littlefield, 2006), 156.

9. Mark R. Francis y Arturo Pérez Rodriguez, *Primero Dios: Hispanic Liturgical Resource* (Chicago: Liturgy Training Publications, 2007), 104.

Dependiendo de las costumbres locales "se puede realizar a continuación el rito de bendición e imposición del lazo o la velación" (RM, 71B). Las palabras de la bendición expresan el significado del lazo: "Bendice, ✠ Señor, este lazo (velo), / símbolo de la unión indisoluble / que N. y N. / han establecido desde ahora / ante ti y con tu ayuda".[10] El lazo es levantado por dos miembros de la familia o amigos y se coloca sobre los hombros de los contrayentes, como abrazándolos (RM, 71B). El lazo significa la unidad e indisolubilidad del matrimonio y la gracia ("tu ayuda"), que Dios concede en el sacramento. El lazo se retira al final de la Bendición nupcial.

## Bendición solemne

El último signo litúrgico en la celebración del sacramento es la bendición de los esposos al final de la misa. La misa ritual para la celebración del matrimonio incluye varias fórmulas de bendición solemne; ésta se introduce con el diálogo: "El Señor esté con ustedes. R. / Y con tu espíritu". Enseguida, la rúbrica en el misal para los Estados Unidos indica que el sacerdote o el diácono invita a la asamblea: "Inclinen la cabeza para recibir la bendición". La bendición solemne consiste en tres invocaciones separadas; a cada invocación, la asamblea responde: "Amén". El sacerdote bendice mientras extiende las manos sobre los esposos. La bendición concluye con el sacerdote dirigiéndose a la asamblea: "Y a todos ustedes, los aquí presentes, / los bendiga Dios todopoderoso, / Padre, Hijo ✠ y Espíritu Santo". A lo que todos responden: "Amén" (RM, 77; cf. 214–215). Sigue la despedida.

La estructura tripartita se modela en la bendición triple que Dios instruyó a Aarón para que impartiera a los israelitas:

> Que el Señor te bendiga y te proteja,
> que el Señor haga brillar su rostro sobre ti y te
> otorgue su gracia;
> que el Señor te muestre su rostro y te conceda la paz
> (Núm 6:24–26).

Además de la bendición solemne para la celebración del matrimonio, el *Misal Romano* contiene un gran número de bendiciones solemnes para distintas ocasiones; son veinte las bendiciones para los distintos

10. James I. Empereur y Eduardo Fernández, *La vida sacra*, 156.

tiempos litúrgicos, como el Adviento, el principio del año, la Pascua, el Espíritu Santo y seis opciones para el Tiempo Ordinario. Cuatro bendiciones solemnes son para celebraciones de los santos, una para la dedicación de una Iglesia y otra para celebraciones de los difuntos. Varias misas rituales también incluyen opciones de bendiciones solemnes opcionales para la confirmación, la unción de los enfermos, el orden sacerdotal, la bendición de un abad o una abadesa, la consagración de vírgenes, y la profesión religiosa. Las bendiciones solemnes apropiadas solo se pueden usar al final de la misa, pero también concluyen Celebraciones de la palabra y la Liturgia de las Horas.[11]

Las bendiciones solemnes son sin duda "una gran adquisición, porque añaden aspectos apropiados a la fórmula general de la bendición y también los interpretan".[12] Esto es ciertamente verdad de las tres opciones que se ofrecen para la celebración del matrimonio. La primera opción (Forma A).[13] incluye peticiones de amor esponsal mutuo y de la paz de Cristo, la bendición en los hijos, el consuelo de la amistad y la paz con todos, y que ambos den testimonio eficaz de la caridad de Cristo. La segunda opción, Forma B en el *Misal Romano* es de carácter explícitamente trinitario; pide a Dios que conceda alegría y bendiga a la pareja con hijos, que el Unigénito de Dios los sostenga en las penas y las alegrías, y que el Espíritu Santo habite siempre en los esposos y los colme de su amor (cf. RM, 214).

La tercera opción es una triple solicitud a Cristo, invocando distintos aspectos de la relación entre su amor por la Iglesia y el amor conyugal. La primera petición es que Cristo bendiga a la pareja y a sus seres queridos, como bendijo el matrimonio en Caná, porque "la Iglesia concede una gran importancia a la presencia de Jesús en las bodas de Caná. Ve en ella la confirmación de la bondad del matrimonio y el anuncio de que en adelante el matrimonio será un signo eficaz de la presencia de Cristo" (CEC, 1613). La interpretación de san Máximo de Turín es un buen ejemplo: "El Hijo de Dios fue a la boda para que el matrimonio, que había sido instituido por su propia autoridad, fuera bendecido con

11. Johannes H. Emminghaus, *The Eucharist: Essence, Form, Celebration* [La Eucaristía: Esencia, forma, celebración] trad. de Linda M. Maloney, ed. rev. de Theodor Mass Ewerd (Collegeville, MN: The Liturgical Press, 1997), 213.

12. Emminghaus, 214.

13. La forma A se explica con más detalle en los siguientes capítulos (cf. RM, 77).

su bendita presencia".[14] Luego se pide a Cristo que derrame su amor en los corazones del novio y la novia a semejanza de él, que "amó a su Iglesia hasta el extremo de morir por ella"; ésta es una referencia a la descripción que hace el Evangelio de san Juan del amor de Cristo por los suyos, cuando se dispone a lavarles los pies. "Amó a los suyos que estaban en el mundo y los amó hasta el extremo" (13:1). Finalmente, se le pide que permita a la pareja "superar las dificultades de esta vida, / con el gozo de saber ciertamente / que algún día resucitarán con él" (RM, 215).

Estas bendiciones solemnes ofrecen una concisa catequesis sobre el sacramento del matrimonio. La primera resume los fines del matrimonio y su dimensión misionera. La segunda enfatiza el sacramento como obra de la Trinidad y de la comunión con ella. Y la tercera opción subraya el sacramento como un signo de la relación de Cristo con su Iglesia.

## CONCLUSIÓN

El sacramento del matrimonio emplea una rica variedad de signos y símbolos para hacer presente "la acción salvífica y santificadora de Cristo" (CEC, 1189). Los gestos como el unir las manos o las manos extendidas para la bendición significan poderosas realidades espirituales. Las posturas como estar en pie o de rodillas significan las disposiciones interiores de humildad y disponibilidad. El sacramental del agua bendita significa la santidad de la unión matrimonial simbolizada en los anillos. Las adaptaciones culturales como las arras y el lazo revelan cómo la Iglesia incorpora en la liturgia elementos de la cultura humana, "confiriéndoles la dignidad de signos de la gracia, de la creación nueva en Jesucristo" (CEC, 1149). Y el rico uso de las bendiciones significan la fuerza del Espíritu enviado por Cristo para comunicar el amor de Dios; "bendecir es una acción divina que da la vida y cuya fuente es el Padre. Su bendición es palabra y don (*'bene-dictio'*, *'eu-logia'*)" (CEC, 1078). Juntos revelan y hacen presente la vida de la Trinidad y el amor de Cristo por su Iglesia.

---

14. Joel C. Elowsky, ed., *John 1–10*, en *Ancient Christian Commentary on Scripture*, ed. Thomas C. Oden, New Testament, vol. 4a (Downers Grove., Il: InterVarsity Press Academic, 2007), 90. En español: *Juan 1–10*, en *La Biblia Comentada por los Padres de la Iglesia*, N.T. 4a (Madrid: Ciudad nueva, 2012).

Capítulo 9

# Vivir el sacramento del matrimonio

## INTRODUCCIÓN

El matrimonio cristiano es un signo de la Trinidad, una comunión misteriosa de personas que, al mismo tiempo y sin contradicción, es una unidad indisoluble. El Espíritu otorgado a los esposos en el sacramento del matrimonio los capacita para manifestar, incluso más auténticamente, esta realidad trinitaria de la comunión de amor entre las personas, para profundizar su unidad continuamente, y poder enriquecerla mediante el don de los hijos. El matrimonio es también un signo del fiel amor de Cristo por su Iglesia, y el sacramento concede a los esposos una nueva relación con Cristo por el Espíritu para vivir su amor conyugal con la misma fidelidad e indisolubilidad que caracteriza el amor de Cristo por la Iglesia. Finalmente, la gracia del sacramento equipa a la familia cristiana para participar en la actividad misionera de la Iglesia, en unión con Cristo, el enviado del Padre (cf. Juan 3:17; 5:36; 6:29, 38; 10:36; 11:42; 17:3; 20:21).

El sacramento del matrimonio fortalece y consagra a los esposos "para los deberes y la dignidad de su estado [CIC, 1134]" (CEC, 1638). El Concilio Vaticano II enseñó que el amor matrimonial combina lo humano y lo divino y permea toda la vida de los esposos; lo considera "penetrado por el espíritu de Cristo... con el que toda su vida está impregnada por la fe, esperanza y caridad" (GS, 48). El sacramento del matrimonio, escribió san Juan Pablo II, confiere a los esposos "la gracia y la obligación moral de transformar toda su vida en "sacrificio espiritual" (FC, 56). Por eso enseñó que este sacramento los tiene "inseridos en un verdadero camino de salvación" (FC, 68). Los dos efectos del matrimonio, el vínculo marital y la gracia del sacramento del matrimonio, son las bases para esta transformación sacramental.

## El vínculo matrimonial

Dios mismo establece el vínculo matrimonial, "de modo que el matrimonio celebrado y consumado entre bautizados no puede ser disuelto jamás" (CEC, 1640). Este vínculo, que resulta del acto libre humano de los esposos, es una realidad que no se puede revocar. Da paso a la alianza matrimonial que es "garantizada por la fidelidad de Dios" (CEC, 1640). Enraizado en el amor de alianza de Dios, es perpetuo y exclusivo. Esto significa que el vínculo matrimonial no es una "cosa" sagrada, sino que trae a los esposos a una relación nueva y perpetua con la Santísima Trinidad, y que brota de la alianza de Cristo con su esposa, la Iglesia.

San Pablo explica la relación entre una pareja casada, por un lado, y Cristo y la Iglesia por otro, en su Carta a los efesios. Después de exhortar a los esposos a amar a sus esposas como Cristo amó a la Iglesia (Ef 5:25–30), escribe: "Por esta razón un hombre deja a su padre y a su madre y se une a su esposa, y los dos son una sola carne. Esto es un gran misterio, pero hablo en referencia a Cristo y la iglesia" (Ef 5:31–32). Es muy significativo que, en esta explicación, el misterio de Cristo y de la Iglesia precede al misterio del matrimonio cristiano. "Lo que añade el sacramento es… el amor de Cristo y su Iglesia en el que compartirán los esposos. El misterio viene primero; revela el significado divino de la unión de los esposos y hace ese significado una realidad en ellos".[1] Lo que ocurre a través del sacramento es una misteriosa identificación entre el signo sacramental y la realidad espiritual: "En el matrimonio sacramental existe una alianza que une al novio y a la novia, pero 'novio y novia' se refieren aquí inseparablemente a Cristo y a la Iglesia y a este hombre y esta mujer".[2]

Esta relación nueva de alianza con la Santísima Trinidad es efectuada por el Espíritu Santo, derramado a través de la Bendición nupcial. "La alianza… es el propio Espíritu Santo. Él es la fuente de unidad de este amor indiviso; él es el lazo divino, que el pecado humano no puede romper".[3] Esta obra del Espíritu Santo se expresa vívidamente en la Bendición nupcial. La epíclesis pide al Señor: "Envía sobre ellos la gracia del Espíritu Santo / para que tu amor, derramado en sus corazones, / los haga permanecer fieles a su alianza conyugal" (MR, *Bendición nupcial A*; RM, 74). Otra forma implora: "Descienda, Señor sobre esta esposa, N. /

---

1. Jean Corbon, *The Wellspring of Worship* [Manantial de adoración], 2a ed., trad. de Matthew J. O'Connell (San Francisco: Ignatius Press, 2005), 173.

2. Corbon, 173.

3. Corbon, 173.

y el compañero de su vida N., / la abundancia de tu bendición; / que la fuerza de tu Espíritu Santo / inflame sus corazones" (MR, *Bendición nupcial C*; RM, 209). En el sacramento del matrimonio, como en toda celebración litúrgica, "la misión del Espíritu Santo... es poner en comunión con Cristo para formar su Cuerpo. El Espíritu Santo es como la savia de la viña del Padre que da su fruto en los sarmientos [cf. Jn 15:1–17; Gal 5:22]" (CEC, 1108). Esta nueva relación con la Santísima Trinidad, garantizada por la propia fidelidad de Dios, que permanece durante toda la vida matrimonial.

## La gracia del sacramento del matrimonio

El segundo efecto principal del matrimonio es la gracia concedida por el sacramento. Gracia es el don gratuito de Dios que nos permite vivir nuestra vocación como sus hijos adoptivos. Cada sacramento imparte un don especial del Espíritu Santo que permite a quienes lo reciben vivir el significado del sacramento. Así que esta gracia del sacramento es también una relación distintiva con la Santísima Trinidad, porque el mismo Cristo es la fuente de esta gracia (cf. CEC, 1642). "Como Dios en otro tiempo buscó a su pueblo con un pacto de amor y fidelidad, así ahora el Salvador de los hombres y Esposo de la Iglesia sale al encuentro de los esposos cristianos por el sacramento del matrimonio" (GS, 48). Este es un encuentro permanente entre Cristo y los esposos, por el que el "permanece con ellos, les da la fuerza para seguirle tomando su cruz, de levantarse después de sus caídas, de perdonarse mutuamente, de llevar unos las cargas de los otros [cf. Gal 6:2], de estar 'sometidos unos a otros en el temor de Cristo' (Ef 5:21)" (CEC, 1642). La presencia permanente de Cristo perfecciona el amor de la pareja con su propio amor, fortalece su unidad y los asiste para que se santifiquen mutuamente "con la vida matrimonial conyugal y en la acogida y educación de los hijos [LG 11; cf. 41]" (CEC, 1641). El rito mismo expresa este profundo misterio del amor redentor, nacido de Cristo y que podemos comprender "...en la unión del hombre y la mujer, / para que el sacramento que ahora celebramos / nos recuerde el designio inefable de tu amor" (MR, *Para la celebración del matrimonio B*, prefacio; RM, 200).

El lenguaje de la gracia y de la ayuda divina imbuye todo el ritual del matrimonio cristiano. La bendición nupcial le solicita a Dios: "Envía sobre ellos la gracia del Espíritu Santo", de modo que la esposa acoja "el don del amor y de la paz", y su marido le confíe el corazón y la reconozca "como compañera / de igual dignidad y coheredera de la vida de la gracia" (RM, 74). Dios está comprometido a apoyar y sostener el matrimonio, pues él mismo es el origen y la fuente: "Y ya que eres el autor de ella [esta unión sagrada], sé también su protector y su guía" (RM, 196). Se le pide que sea la garantía de su propia creación, "para que, lo que tú has unido, / con tu ayuda se conserve" (MR, *Para la celebración del matrimonio A*, Oración colecta; RM, 192). De la misma manera, su fuerza y su protección se invocan para que a los esposos, "que en Cristo hoy han fundado una nueva familia, /... [les conceda] que la gracia de este día / se prolongue a lo largo de toda su vida" (RM, 204). El sacramento del matrimonio es un evento único y bello que inicia un camino de toda la vida en el amor y la comunión de la Santísima Trinidad, producido por el Espíritu Santo, bendecido por el Padre, que se origina en el amor de Cristo por su Iglesia y es sostenido por su presencia y su gracia.

A través de esta presencia permanente, Dios concede "un don especial de su gracia y de su caridad" (GS, 49) que permite a los esposos vivir todos los aspectos del amor matrimonial: el bien de cada esposo, la apertura a la vida, el don y la educación de los hijos, unidad, indisolubilidad y fidelidad. Cada uno de estos elementos produce la santidad de los esposos y contribuye a la eficacia de su matrimonio como signo del amor de Cristo por su Iglesia. Aunque estas dimensiones del amor matrimonial están intrínsecamente interconectadas, las consideraremos por separado, aunque sugiriendo sus importantes interrelaciones.

## EL BIEN DE LOS ESPOSOS

Desde el principio, Dios tuvo la intención del matrimonio para el bien de los esposos. Al crear a Adán declaró; "No es bueno que el hombre esté solo. Démosle una compañera que sea semejante a él" (Gn 2:18). Atraídos a una relación singular con la Santísima Trinidad mediante el sacramento del matrimonio "los esposos son penetrados por el Espíritu de Cristo con el que toda su vida está impregnada por la fe, la esperanza y la caridad, se van acercando cada vez más hacia su propia perfección y mutua santificación y, por tanto, conjuntamente, a la glorificación de Dios" (GS, 48). Sin embargo, este crecimiento en santidad y en las virtudes no se da sin dolores de crecimiento. La descripción de santa Catalina de Siena de cómo todos los cristianos crecen en virtud es cierta también del amor matrimonial. "Ahora te digo que la virtud de la paciencia se prueba... en el tiempo de la injuria que se recibe del prójimo, como la humildad por medio del soberbio; la fe, por el que no la tiene; la verdadera esperanza, por el que no espera; la justicia, por el injusto; la piedad, por el cruel, y la mansedumbre y benignidad, por medio del iracundo. Todas las virtudes se prueban y cobran vida en relación con el prójimo, lo mismo que los malvados dan el ser a todos los vicios en relación con el prójimo".[4] Los esposos, perseverando en su amor mutuo y sostenidos por la gracia y el poder del Espíritu Santo, se ayudarán el uno al otro para lograr la madurez cristiana en humildad, esperanza, compasión, justicia, mansedumbre y bondad.

Como signo del amor de Cristo por la Iglesia, los esposos participan en una entrega sacrificial y se ayudan el uno al otro a crecer y perseverar en esta entrega de sí mismos. El apóstol Pablo aplica este amor abnegado especialmente al esposo: "Esposos, amen a sus esposas, como Cristo amó a la Iglesia y se entregó por ella para santificarla" (Ef 5:25). El modelo para el esposo es la entrega de sí mismo de Cristo en la cruz por la Iglesia. El Concilio Vaticano II incluyó el matrimonio y la vida matrimonial al hablar de las obras del laicado: "Porque todas sus obras, si llevadas a cabo por el Espíritu, se convierten en ofrendas espirituales aceptables a Dios por Jesucristo... incluso las contrariedades de la vida, si se llevan con paciencia (ver 1 Pe 2:5)" (LG, 34). San Juan Pablo II aplicó esta enseñanza de toda la vida como sacrificio espiritual más específicamente a los esposos: "Así como los esposos y esposas reciben del sacramento el don y la responsabilidad de traducirlo en la vida diaria con la santificación que se les concede, así el mismo sacramento les confiere la gracia y la obligación moral de transformar todas sus vidas en 'sacrificio espiritual'" (FC, 56). Todo esto está contenido en la sencilla pregunta que el sacerdote hace a la pareja cuando se preparan a declarar su consentimiento: "¿Están decididos a amarse y respetarse mutuamente siguiendo el modo de vida propio del matrimonio durante toda la vida?" (RM, 60).

4. Santa Catalina de Siena, *El diálogo*, 8, en J. Salvador y Conde, ed., *Obras de Santa Catalina de Siena. El diálogo, Oraciones y Soliloquios* (Madrid: BAC, 1996), 69–70.

## La unidad

En la creación, Dios ordenó la unidad como aspecto esencial del matrimonio, "por eso un hombre deja a su padre y a su madre y se une a su esposa y los dos se hacen un solo cuerpo" (Gn 2:24). Esta unidad contribuye al bien de los esposos. Ya que ya no son dos sino solo uno, se "ofrecen mutuamente ayuda y servicio, experimentando así y logrando más plenamente cada día el sentido de su propia unidad" (GS, 48). Esta unidad es tanto una realidad lograda en virtud de la celebración del sacramento, y un proceso de toda la vida. La doble realidad se expresa en una de las oraciones colectas para el matrimonio:

> Dios y Padre nuestro,...
> derrama la abundancia de tu bendición
> sobre estos hijos tuyos N. y N.
> para que en su vida matrimonial
> se identifiquen en el amor,
> tiendan al mismo fin
> y se ayuden mutuamente a crecer en santidad.
> (MR, *Para la celebración del matrimonio* C; RM, 193)

Unidos por la gracia sacramental, los esposos crecen juntos en afecto, unidad de mente y santidad con la fuerza que viene de la bendición de Dios.

Esta doble realidad es también una de las peticiones de la Bendición nupcial:

> Concédeles, Señor,
> que, en la comunidad sacramental que hoy inician,
> se comuniquen los dones de tu amor y,
> siendo el uno para el otro signo de tu presencia,
> sean un solo corazón y un solo espíritu (RM, 207).

La unión realizada por el sacramento llega a su plenitud en el curso de su vida juntos, en un continuo y progresivo "hacerse" un corazón y una sola mente. Como enfatiza la epíclesis del sacramento, esta petición de la Bendición nupcial el rol del Espíritu Santo en conseguir y sostener la unidad matrimonial. San Juan Pablo II explica:

> El don del Espíritu Santo es mandamiento de vida para los esposos cristianos y al mismo tiempo impulso estimulante, a fin de que cada día progresen hacia una unión cada vez más rica entre ellos, a todos los niveles, del cuerpo, del carácter, del corazón, de la inteligencia y voluntad, del alma, revelando así a la Iglesia y al mundo la nueva comunión de amor, donada por la gracia de Cristo (FC, 19).

La naturaleza inclusiva de la unidad matrimonial, que abarca el alma, la voluntad, la inteligencia, el corazón, la personalidad y el cuerpo, subraya el importante papel que juega el amor conyugal en la unidad matrimonial. Los actos propios del matrimonio "son honestos y dignos, y cuando se ejercitan en modo auténticamente humano, significan y fomentan la mutua donación con la que el uno al otro se enriquecen con agradecimiento y alegría" (GS, 49). Al buscar el placer y el disfrute de cuerpo y espíritu, los esposos "aceptan lo que el Creador les ha destinado" (CEC, 2362 retomando palabras de Pío XII, Discurso del 29 de octubre de 1951). El acto matrimonial expresa "un mutuo y libre don de sí mismos, demostrado en la ternura de obras y afectos, impregnando su vida; más aún, se perfecciona y aumenta por la generosa actividad" (GS, 49).

Esta unidad, que resulta de la entrega libre y total de sí mismo, se realiza a través del intercambio del consentimiento y se fomenta por los actos propios del matrimonio, incluye indisolubilidad y fidelidad. Esto es así porque el matrimonio es un signo de la fidelidad de Dios a su alianza y de la fidelidad de Cristo a su esposa la Iglesia. El sacramento permite a los esposos, "representar y testimoniar esta fidelidad. Por el sacramento, la indisolubilidad del matrimonio adquiere un sentido nuevo y más profundo" (CEC, 1647). Este es un aspecto del apostolado del matrimonio porque por su fidelidad, los esposos dan testimonio al mundo "de que Dios nos ama con un amor definitivo e irrevocable" (CEC, 1648). Las palabras del poeta del siglo XVII George Herbert conservan su fuerza hoy: "Vivimos en una era que tiene más necesidades de ejemplos que de preceptos".[5] El matrimonio cristiano ofrece a nuestro mundo contemporáneo un signo muy necesario de amor fiel. La indisolubilidad del matrimonio es un "fruto, signo y exigencia del amor absolutamente fiel que Dios tiene al hombre y que el Señor Jesús vive hacia su Iglesia" (FC, 20).

Las fórmulas con las que se confirma el consentimiento pronunciadas por el sacerdote expresan esta fidelidad indisoluble. La segunda opción asegura: "Dios de Abrahán, / el Dios de Isaac, / el Dios de Jacob, / el Dios que unió a nuestros primeros padres en el paraíso, / confirme este consentimiento mutuo / que ustedes han manifestado ante la Iglesia, / y, en Cristo, les dé su bendición. / Por lo tanto, lo que Dios ha unido, / no lo separe el hombre" (RM, 64). La fidelidad es posible porque el esposo

5. Izaak Walton, "The Life of Herbert" [La vida de Herbert], en *The Remains of That Sweet Singer of the Temple* [Reminiscencias del dulce cantor del templo] (London: Pickering, 1841), xlvi.

y la esposa están unidos, fortalecidos y bendecidos por Dios en Cristo. La primera opción también pide al Señor que fortalezca el consentimiento de la pareja: "El Señor confirme con su bondad / este consentimiento / que han manifestado ante la Iglesia / y les otorgue su copiosa bendición. / Lo que Dios ha unido, / no lo separe el hombre" (RM, 64). Ambas opciones terminan citando la propia advertencia de Cristo en Mateo 19:6: "Por tanto, lo que Dios ha unido, no lo separe el hombre".

## Aceptar el don de la vida

El amor conyugal logra el doble fin del matrimonio: el bien de los esposos y la transmisión de la vida. Es más, el acto conyugal en sí mismo tiene dos significados inseparables, unidad y procreación. La fecundidad del matrimonio fue ordenada por Dios como parte de la creación. Creó a la humanidad, varón y mujer, a su imagen, los bendijo y les dijo: "Sean fecundos y multiplíquense" (Gn 1:27–28). Al cumplir este mandamiento, las parejas son partícipes "del amor de Dios Creador y en cierta manera, sus intérpretes" (GS, 50); encarnan el amor creativo y fecundo de Dios, y le dicen al mundo: "Este amor es posible". Al aceptar "recibir de Dios responsable y amorosamente los hijos y a educarlos según la ley de Cristo y de su Iglesia" (cf. RM, 60); la familia cristiana refleja la obra creativa de la Trinidad.

Mientras que los medios de comunicación seculares a menudo reflejan la enseñanza de la Iglesia sobre la apertura a la vida como irrealista e insensible a las necesidades de los esposos, la Iglesia no quiere ver a las parejas extenuarse mental, física o económicamente al tener demasiados niños demasiado deprisa. De hecho, el papa Pablo VI trata este tema en detalle, reconociendo que espaciar los nacimientos podría ser necesario debido a las condiciones físicas o psicológicas de los esposos, así como a ciertas circunstancias (HV, 16). De hecho, Dios mismo ha previsto tales circunstancias, porque "Dios ha dispuesto con sabiduría leyes y ritmos naturales de fecundidad que por sí mismos distancian los nacimientos" (HV, 11). Por tanto, "es lícito tener en cuenta los ritmos naturales inmanentes a las funciones generadoras para usar del matrimonio sólo en los periodos infecundos y así regular la natalidad sin ofender los principios morales que acabamos de recordar" (HV, 16). Al hacer esto, los esposos actúan como ministros "del diseño establecido por el Creador" más que sus árbitros (HV, 13). Al escoger regular los nacimientos por medio de los ritmos naturales, la mujer enriquece la unidad y la comunión de los esposos, porque reconoce, "tanto la naturaleza corporal como espiritual de la comunión conyugal" por la "aceptación también del diálogo, del respeto recíproco, de la responsabilidad común, del dominio de sí mismo" (FC, 32).

Así tenemos lo siguiente:

> En este contexto la pareja experimenta que la comunión conyugal es enriquecida por aquellos valores de ternura y afectividad que constituyen el alma profunda de la sexualidad humana, incluso en su dimensión física. De este modo la sexualidad es respetada y promovida en su dimensión verdadera y plenamente humana, no "usada" en cambio como un "objeto" que, rompiendo la unidad personal de alma y cuerpo, contradice la misma creación de Dios en la trama más profunda entre naturaleza y persona (FC, 32).

Los dos significados del acto conyugal, la unidad y la procreación, son inseparables, "que Dios ha querido y que el hombre no puede romper por propia iniciativa" (HV, 12). El regular los nacimientos por la contracepción falsifica "la verdad interior del amor conyugal, llamado a entregarse en plenitud personal" (FC, 32).

El acto conyugal está dirigido por Dios a expresar espiritual y corporalmente el don total y recíproco de cada esposo. La contracepción altera esta profunda expresión de

> donación "total". Así, al lenguaje natural que expresa la recíproca donación total de los esposos, el anticoncepcionismo impone un lenguaje objetivamente contradictorio, es decir, el de no darse al otro totalmente: se produce, no sólo el rechazo positivo de la apertura a la vida, sino también una falsificación de la verdad interior del amor conyugal, llamado a entregarse en plenitud personal (FC 32).

Un consorte ama al otro, no sólo por lo que recibe de él, sino por lo que es, "gozoso de poderlo enriquecer con el don de sí" (HV, 9).

En este don de sí mismo, la familia cristiana es "reflejo e imagen de la comunión del Padre y del Hijo, en el Espíritu Santo" (CEC, 2205). Este es el modo en que Jesús describía la entrega trinitaria, hablando del Espíritu Santo: "Me glorificará porque cuidará de todo lo mío y se lo declarará. Todo lo que es del Padre es mío; por eso les dije que él tomará lo que es mío y se lo declarará" (Juan 16:4–15). Todo lo que tiene el Padre es de Cristo y el Espíritu lo toma no para glorificarse a sí mismo, sino a Cristo. El amor conyugal es un camino cada vez más profundo en el misterio de la Santísima Trinidad.

## La educación de los hijos

Aceptar el don de los hijos trae consigo la responsabilidad de educarlos. Es una participación más en la actividad creativa de Dios porque, los esposos "engendrando en el amor y por amor una nueva persona, que tiene en sí la vocación al crecimiento y al desarrollo, asumen por eso mismo la obligación de ayudarla eficazmente a vivir una vida plenamente humana" (FC, 36). Surge de una valoración apropiada y, de hecho, maravilla ante la enormidad del don de la vida, "la conciencia de que el Señor confía a ellos el crecimiento de un hijo de Dios, de un hermano de Cristo, de un templo del Espíritu Santo, de un miembro de la Iglesia, alentará a los padres cristianos en su tarea de afianzar en el alma de los hijos el don de la gracia divina" (FC, 39). Esta responsabilidad es "un verdadero y propio «ministerio» de la Iglesia al servicio de la edificación de sus miembros" (FC, 38).

El sacramento del matrimonio es la fuente y la consagración para este ministerio. Otorga tanto la responsabilidad y el don. Otorga la responsabilidad de "participar de la misma autoridad y del mismo amor de Dios Padre y de Cristo Pastor, así como del amor materno de la Iglesia" (FC, 38). Capacita a los esposos para asumir esa responsabilidad, enriqueciéndolos "en sabiduría, consejo, fortaleza y en los otros dones del Espíritu Santo, para ayudar a los hijos en su crecimiento humano y cristiano." (FC, 38). La educación de sus hijos se arraiga en el amor de los esposos el uno por el otro, un amor humano infundido y elevado por el amor de Cristo a su Iglesia por el sacramento. San Juan Pablo II lo explica: "El amor de los padres se transforma de *fuente* en *alma* y, por consiguiente, en *norma*, que inspira y guía toda la acción educativa concreta, enriqueciéndola con los valores de dulzura, constancia, bondad, servicio, desinterés, espíritu de sacrificio, que son el fruto más precioso del amor" (FC, 36). Estos son los aspectos específicos de la gracia del sacramento y el don del Espíritu Santo, "el don que contiene todos los dones" (CEC, 1082).

Al educar a sus hijos, los padres y los hijos juntos emprenden "el camino de la humanidad, de la salvación y de la santidad" (GS, 48). El alcance de la educación es inclusivo, pero la formación religiosa de los hijos es de importancia primordial. Los padres son "los primeros mensajeros del Evangelio para sus hijos" (FC, 39), compartiendo con ellos la palabra de Dios, introduciéndolos a la oración, enseñándoles la preocupación por los demás, siendo ejemplos de generosidad y sacrificio y llevándolos al Cuerpo de Cristo por la iniciación cristiana. Por precepto y ejemplo, "llegan a ser plenamente padres, es decir engendradores no sólo de la vida corporal, sino también de aquella que, mediante la renovación del Espíritu, brota de la cruz y resurrección de Cristo" (FC, 39). Aquí de nuevo vemos cómo el misterio pascual, la obra de toda la Trinidad, es la fuente de la fuerza sacramental.

Los padres también están encargados de educar a sus hijos en valores esenciales. "Esto incluye la actitud adecuada hacia las posesiones materiales, expresada en un estilo de vida sencillo que manifiesta la verdad de que cada persona es más preciosa por lo que es que por lo que tiene" (GS, 35). También inculca un sentido de justicia que se entiende como "respeto por la dignidad personal de cada persona" y el entendimiento bíblico del amor como "solicitud sincera y servicio desinteresado hacia los demás, especialmente a los más pobres y necesitados" (FC, 37). Una comprensión correcta de la justicia y el amor forman las bases de "una educación *sexual clara y delicada*" (FC, 37, cursiva en el original) que presenta la sexualidad como "una riqueza de toda la persona, cuerpo, sentimiento y espíritu, y manifiesta su significado íntimo al llevar la persona hacia el don de sí misma en el amor" (FC, 37). Esta educación se completa con la formación en la castidad, consistente en "la integración de la sexualidad en la persona humana y... la unidad interior en su ser corporal y espiritual" (CEC, Glosario, voz *Castidad*). Todo el proceso educativo es una maduración y florecimiento de la entrega total de sí, lograda por el intercambio del consentimiento y la consumación del matrimonio que crece y madura en la vida familiar. La familia "encuentra en el don de sí misma la ley que la rige y hace crecer" (FC, 37).

## Vocación misionera

El Señor también confía a la familia cristiana una tarea "evangelizadora y misionera" (CEC, 2205), tema que atraviesa los textos del Ritual del matrimonio. Cada una de las bendiciones nupciales incluye una petición de que los esposos "sean testigos de Cristo delante de todos" (Bendición nupcial A) y "den testimonio de ti ante los hombres" (Bendición nupcial C). Este tema también se expresa en las oraciones para la misa de boda. Una de las Oraciones después de la Comunión pide para quienes "acaban de unir sus vidas / por el sacramento del Matrimonio, / permanecer siempre fieles a ti / y dar testimonio de tu amor ante el mundo" (RM, 211). El último ejemplo lo tomamos de una petición de la Bendición que concluye la misa:

Que sean testigos del amor de Dios en el mundo,
para que los pobres y afligidos,
habiendo encontrado en ustedes ayuda y consuelo,
los reciban con gratitud algún día
en la casa eterna del Padre (RM, 77).

El Concilio Vaticano II describió así el oficio profético de la familia: "sean testigos de la fe y del amor de Cristo. La familia cristiana proclama alto y claro, tanto las presentes virtudes del Reino de Dios como la esperanza de la vida bienaventurada. Y así, con su ejemplo y testimonio arguye al mundo de pecado e ilumina a los que buscan la verdad" (LG, 35). El matrimonio cristiano manifiesta al mundo no solo el amor conyugal de Cristo por su Iglesia, sino también su amor de sacrificio por el mundo.

### Espiritualidad familiar

"La vocación universal a la santidad está dirigida también a los cónyuges y padres cristianos. Para ellos está especificada por el sacramento celebrado y traducida concretamente en las realidades propias de la existencia conyugal y familiar. De ahí nacen la gracia y la exigencia de una auténtica y profunda *espiritualidad conyugal y familiar*, que ha de inspirarse en los motivos de la creación, de la alianza, de la cruz, de la resurrección y del signo" (FC, 56).

Converse sobre cómo los temas de creación, alianza, cruz, resurrección y signo se pueden expresar en la espiritualidad familiar. Revise las referencias a estos temas en este capítulo y en los capítulos 7 y 8.

## Toda la vida

Las Bendiciones nupciales contienen peticiones por cada uno de los esposos y por la pareja. Estas bendiciones revelan aún más el significado del sacramento del matrimonio para toda la vida. Las peticiones por la novia piden "que siga siempre / el ejemplo de las santas mujeres, / cuya alabanza proclama la Escritura" (RM, 74) y que "dé calor a su hogar con un amor puro / y con su afabilidad lo adorne" (RM, 207). Los ruegos por el novio piden que "cumpla dignamente su misión / de esposo fiel" y, de ser apropiado, de "padre providente" (RM, 207). Hay también peticiones por su relación con su esposa "que confíe en ella el corazón", que la tenga "como compañera / de igual dignidad y coheredera de la vida de la gracia", y que la valore "y la ame siempre con el amor / con que Cristo amó a su Iglesia" (MR, *Bendición nupcial A*; RM, 74). Estas oraciones miran al hogar y a la familia que juntos van a establecer.

Estas peticiones individuales están enriquecidas con otras súplicas por la pareja. Se le implora al Espíritu que los ayude a perseverar en la fe para que "permanezcan ligados a la fe y a tus mandamientos" y que "sean ejemplares por la integridad de sus costumbres" (MR, *Bendición nupcial A;* RM, 74). El don y la bendición de los hijos se encuentra en las tres bendiciones nupciales. La Bendición nupcial A pide: "Sean fecundos en hijos, padres intachables, / vean ambos a los hijos de sus hijos" (MR, *Bendición nupcial A;* RM, 74). La Bendición nupcial B pide al Señor "que sepan conservar / y proteger su nuevo hogar / (y formen a sus hijos según el Evangelio, / para que así puedan éstos algún día / incorporarse para siempre a tu familia celestial)" (RM, 207). La tercera Bendición nupcial pide que "la fuerza del Espíritu Santo / inflame sus corazones / (para que al gozo de su vida matrimonial / añadan el encanto de los hijos) / y enriquezcan (con ellos) a tu Iglesia" (MR, *Bendición nupcial B*; RM, 209). La Bendición nupcial C mira a las bendiciones y desafíos de una larga vida juntos, pidiendo que "te alaben, Señor, en sus alegrías, / que te busquen en sus tristezas; / que en sus trabajos / encuentren el gozo de tu ayuda / y, en la necesidad, / sientan cercano tu consuelo" (MR, *Bendición nupcial C*; RM, 209). Finalmente, a través de todas estas experiencias, "se comuniquen los dones de tu amor y, / siendo el uno para el otro signo de tu presencia, / sean un solo corazón y un solo espíritu" (RM, 207).

## CONCLUSIÓN

El matrimonio cristiano es un signo de la Santísima Trinidad y del amor oblativo, de entrega, de Cristo por la Iglesia. "Prometer un amor para siempre es posible", escribe el papa Francisco, "cuando se descubre un plan que sobrepasa los propios proyectos, que nos sostiene y nos permite entregar totalmente nuestro futuro a la persona amada. La fe, además, ayuda a captar en toda su profundidad y riqueza la generación de los hijos, porque hace reconocer en ella el amor creador que nos da y nos confía el misterio de una nueva persona" (LF, 52). La familia cristiana, una comunión de personas, expresa visiblemente a la Santísima Trinidad, "reflejo e imagen de la comunión del Padre y del Hijo en el Espíritu Santo" (CEC, 2205).

Capítulo 10

# Los sacramentos de vocación y del servicio a la comunión: Conclusión

## LA FAMILIA: IMAGEN DE LA TRINIDAD

El bautismo, la confirmación y la Eucaristía son los sacramentos de la iniciación cristiana. Ellos sitúan a todos los discípulos de Cristo en su "vocación a la santidad y a la misión de evangelizar el mundo" y les confieren a los cristianos el poder de vivir como "peregrinos en marcha hacia la patria" (CEC, 1533). Los sacramentos que se consideran en este libro, Orden sacerdotal y matrimonio, son los sacramentos de vocación ya que confieren el don del Espíritu para vivir una llamada específica dentro del Cuerpo de Cristo. El Catecismo también se refiere a ellos como sacramentos al servicio de la comunión, ya que "están ordenados a la salvación de los demás" y "confieren una misión particular en la Iglesia y sirven a la edificación del Pueblo de Dios" (CEC, 1534). El origen de la comunión a la que sirven es la Trinidad, porque "la imagen divina está presente en todo hombre. Resplandece en la comunión de las personas a semejanza de la unión de las divinas personas entre sí" (CEC, 1702). Los sacramentos del Orden sacerdotal y el matrimonio están al servicio de esta comunión divina de modos distintos y complementarios.

Como comunión de personas, la familia cristiana es un signo de la Trinidad, "un reflejo e imagen de la comunión del Padre y del Hijo en el Espíritu Santo" (CEC, 2205). La familia, que la Iglesia ha descrito como iglesia doméstica (LG, 11), es "primera e insustituible escuela de sociabilidad" (FC, 43), la primera experiencia de comunión. "La familia, en la que se congregan diversas generaciones y se ayudan mutuamente para adquirir una mejor sabiduría y para concordar los derechos de las personas con las otras exigencias de la vida social, constituye el fundamento de la sociedad" (GS, 52). "Las relaciones entre los miembros de la comunidad familiar están inspiradas y guiadas por la ley de la «gratuidad» que, respetando y favoreciendo en todos y cada uno la dignidad personal como único título de valor, se hace acogida cordial, encuentro y diálogo, disponibilidad desinteresada, servicio generoso y solidaridad profunda" (FC, 43). Como hemos visto en capítulos anteriores, la entrega generosa de uno mismo manifestada a través del diálogo, la disponibilidad y el servicio, por ejemplo, son aspectos esenciales de tanto el sacramento del Orden sacerdotal como del matrimonio. Los sacramentos de vocación nacen y se alimentan en la familia. Es en la familia donde las personas por primera vez escuchan la respuesta de Dios a la pregunta: "¿Cómo voy a servir a Dios en mi vida?". "Los hijos sean formados de tal modo por la educación que lleguen a la edad adulta con pleno sentido de su responsabilidad y puedan seguir su vocación, incluso la vocación sagrada" (GS, 52).

## Matrimonio, comunión de amor

La entrega de sí mismo experimentada y aprendida en la familia se convierte en el fundamento del sacramento del matrimonio. Un hombre y una mujer llevan a su matrimonio la comunión que han aprendido en la familia. La comunión entre esposo y esposa, arraigada en "ese complemento natural que existe entre el hombre y la mujer" crece a través de la voluntad de los esposos de compartir "lo que tienen y lo que son" (FC, 19). Esposo y esposa "están llamados a crecer continuamente en su comunión a través de la fidelidad cotidiana a la promesa matrimonial de la recíproca donación total" (FC, 19). Así la comunión conyugal "es el fruto y el signo de una exigencia profundamente humana" y la confirma, la purifica y la eleva conduciéndola a perfección con el sacramento del matrimonio (FC, 19). "El Espíritu Santo infundido en la celebración sacramental ofrece a los esposos cristianos el don de una comunión nueva de amor, que es imagen viva y real de la singularísima unidad que hace de la Iglesia el indivisible Cuerpo místico del Señor Jesús" (FC, 19). Este don del Espíritu es tanto "mandamiento de vida para los esposos cristianos" como "impulso estimulante, a fin de que cada día progresen hacia una unión cada vez más rica entre ellos, a todos los niveles, del cuerpo, del carácter, del corazón, de la inteligencia y voluntad, del alma, revelando así a la Iglesia y al mundo la nueva comunión de amor, donada por la gracia de Cristo" (FC, 19).

El matrimonio es una comunión indisoluble, "un signo pequeño y precioso" para el mundo de la "incansable fidelidad con que Dios y Jesucristo aman a todos los hombres y a cada hombre" (FC, 20). Esta comunión no tiene su raíz en tomar sino en dar, en la "donación personal y total de los cónyuges" (FC, 20). El sacramento del matrimonio le ofrece a la pareja "un corazón nuevo", permitiéndoles superar "la dureza de corazón" y "compartir el amor pleno y definitivo de Cristo, nueva y eterna Alianza hecha carne" (FC, 20). La comunión matrimonial es un signo al mundo del amor de Dios por los hombres y mujeres y por su Iglesia, un amor fiel hasta el extremo. Cristo no rechazará o será infiel a su esposa, la Iglesia. "Si somos infieles, él permanece fiel, porque no puede negarse a sí mismo" (2 Tm 2:13).

## ORDEN SACERDOTAL, COMUNIÓN CON EL MISTERIO DE DIOS

La comunión que se experimenta por primera vez en la familia es también el fundamento para el sacramento del orden sacerdotal. Cristo vino a reunir en uno solo a los que estaban dispersos por el pecado y el enemigo (cf. Juan 10:12, 17:11, 21–23). Los hombres que reciben el sacramento del orden sacerdotal participan en el ministerio del sumo sacerdocio de Cristo al reunir a los hijos de Dios dispersos, implorando: "Reúne en torno a ti, Padre misericordioso, / a todos tus hijos dispersos por el mundo" (MR, *Plegaria eucarística III*, 113). Esta vocación también está arraigada en la comunión de la Trinidad. "Mediante el sacerdocio que nace de la profundidad del inefable misterio de Dios, o sea, del amor del Padre, de la gracia de Jesucristo y del don de la unidad del Espíritu Santo, el presbítero está inserto sacramentalmente en la comunión con el obispo y con los otros presbíteros, para servir al Pueblo de Dios que es la Iglesia y atraer a todos a Cristo, según la oración del Señor: 'Padre santo, cuida en tu nombre a los que me has dado, para que sean uno como nosotros... Como tú, Padre, en mí y yo en ti, que ellos también sean uno en nosotros, para que el mundo crea que tú me has enviado' (Juan 17:11, 21)" (PDV, 12). Por esta razón, el sacerdocio ministerial se constituye "bajo este multiforme y rico conjunto de relaciones que brotan de la Santísima Trinidad y se prolongan en la comunión de la Iglesia, como signo e instrumento, en Cristo, de la unión con Dios y de la unidad de todo el género humano" (PDV, 12).

La fuente de la comunión para quienes reciben el Orden sacerdotal es la comunión episcopal. Cada obispo es "principio y fundamento visible de unidad" en su diócesis" (LG, 23). Además, "se unen entre sí los obispos, sucesores de los apóstoles," (LG, 22) y "con el obispo de Roma representan a toda la Iglesia en un vínculo de paz, amor y unidad" (LG, 23). La fuente de unidad y comunión para todos es la Eucaristía. "En toda celebración reunida la comunidad bajo el ministerio sagrado del obispo, se manifiesta el símbolo de 'aquella caridad sin la cual no puede haber salvación' (Santo Tomás de Aquino, *Summa Theologiae,* III, q.73, a. 3)" (LG, 26). Los sacerdotes "representan al obispo con quien están confiada y animosamente unidos y toman sobre sí una parte de la carga y solicitud pastoral y la ejercitan en el trabajo diario" (LG, 28). Los diáconos asisten al obispo en la obra de comunión por la proclamación del Evangelio, "obras de caridad y funciones de administración" (LG, 29).

## Creados para la comunión

La comunión está inscrita en misma naturaleza de hombres y mujeres. "El fin último de toda la economía divina es el acceso de todas las criaturas a la unidad perfecta de la Bienaventurada Trinidad [cf. Jn 17:21–23]" (CEC, 260). El sacramento del matrimonio sirve a este fin impartiendo a los esposos los dones del Espíritu que hacen fecundo su amor, un amor que profundiza la comunión entre los esposos y está abierto al don de los hijos. El sacramento del orden sacerdotal sirve a este fin último al participar en la tarea sacerdotal de Cristo de reunir en uno a los hijos dispersos de Dios. Ambos son frutos de la oración de Cristo a su Padre: "Yo en ti y tú en mí, perfecciónalos en la unidad, para que el mundo sepa que tú me has enviado y los amaste como me amaste a mí" (Juan 17:23).

# PARA SEGUIR LEYENDO

## *Fuentes primarias*

*Concilio Vaticano II: Constituciones, Decretos, Declaraciones, Legislación posconciliar.* Edición bilingüe. Madrid: BAC, 1975. Texto oficial latino y su traducción de todos los documentos conciliares. Para profundizar en lo expuesto en nuestro libro, son particularmente relevantes los siguientes documentos:

*Constitución dogmática Lumen gentium, sobre la Iglesia,* 20–29 (sobre los obispos, presbíteros y diáconos);

*Constitución pastoral Gaudium et spes, sobre la Iglesia en el mundo actual,* 47–52 (sobre el matrimonio cristiano).

Francisco. *Lumen fidei,* (*Sobre la fe cristiana*). México: Paulinas, 2013. Para nuestro estudio son relevantes las secciones sobre "Los sacramentos y la transmisión de la fe" (40–45), "Fe y familia" (52–53).

———. *Laudato si'* (*Sobre el cuidado de la casa común*). México: Paulinas, 2015. El Papa expone la dimensión sacramental de la creación y su vínculo con la liturgia, vale la pena explorar "Signos sacramentales y descanso celebrativo" (233–245).

———. *Evangelium gaudium (Sobre el anuncio del Evangelio en el mundo actual*), México: Paulinas, 2013. Para los tópicos tratados en nuestro libro, encarecemos la lectura reflexiva del tratamiento de la homilía (135–144 y 145–159), pero toda ella está llena de la vitalidad del Evangelio.

———. *Amoris laetitiae (Sobre el amor en la familia),* México: Paulinas, 2016. Las enseñanzas del Santo Padre, enraizadas en la sana tradición de la Iglesia, iluminan las realidades del mundo actual. Vale la pena leer esta exhortación de punta a cabo, especialmente en pareja, pero recomendamos la lectura de los números 71–75, y de los capítulos 4 ("El amor en el matrimonio") y 5 ("Amor que se vuelve fecundo").

———. *Querida Amazonia*. México: Paulinas, 2020. Para lo tratado en nuestro estudio, es relevante el tema de "la inculturación de la liturgia", y "de la ministerialidad" (81–84 y 85–90).

Benedicto XVI. *El sacramento de la caridad* (*Sacramentum caritatis*). México: Paulinas, 2007. Es una exhortación apostólica postsinodal que expone la enseñanza rica e integral sobre el sacramento de la Eucaristía. Tiene tres secciones principales: "La Eucaristía, misterio que se ha de creer"; "La Eucaristía, misterio que se ha de celebrar" y "La Eucaristía, misterio que se ha de vivir". También expone la relación de la Eucaristía con cada uno de los otros sacramentos, así como su dimensión trinitaria.

———. *La Palabra de Dios* (*Verbum Domini*). Paulinas, 2010. Excelente exposición sobre la Palabra de Dios en tres amplias secciones: "La Palabra de Dios",

"La Palabra en la Iglesia" y "La Palabra en el mundo". Para nuestros propósitos es relevante el capítulo "La Liturgia, lugar privilegiado de la Palabra de Dios".

Comité para la liturgia de los Obispos de los Estados Unidos. *Introduction to the Order of Mass* [Introducción al Ordinario de la Misa]. Pastoral Liturgy Series, vol. 1. Washington, DC: USCCB, 2003. Ofrece una muy buena introducción a la Eucaristía. La sección sobre "La celebración eucarística y sus símbolos" es importante para nuestro estudio. Solo en inglés.

Juan Pablo II. *Familiaris consortio (Sobre la misión de la familia cristiana en el mundo actual)*. México: Paulinas, 1981. Texto fundacional para comprender la doctrina católica sobre el matrimonio y la familia.

*Los documentos litúrgicos*. 3 vols. Chicago: Liturgy Training Publications, (de próxima publicación). Compilación de los documentos litúrgicos más relevantes y pertinentes al culto de la Iglesia católica, acompañados de una introducción; es un recurso indispensable para maestros y catequistas.

## *Fuentes secundarias*

Carstens, Christopher, y Douglas Martis. *Mystical Body, Mystical Voice: Encountering Christ in the Words of the Mass* [Cuerpo místico, voz mística: Encontrar a Cristo en las palabras de la misa]. Chicago: Liturgy Training Publications, 2011.
Además de ser un excelente recurso sobre la misa, la parte 1 es una descripción general excelente y fácil de leer de la teología sacramental.

Corbon, Jean, OP. *The Wellspring of Worship* [El manantial del culto]. Trad. de Matthew J. O'Connell. 2a edición. San Francisco: Ignatius, 2005.
Este es un estudio clásico de la liturgia elaborado por uno de los principales autores de la sección sobre la oración en el *Catecismo de la Iglesia Católica*. El énfasis de Corbon en el papel del Espíritu Santo en la liturgia es particularmente esclarecedor.

Daniélou, Jean, SJ. *The Bible and the Liturgy* [La Biblia y la liturgia]. Notre Dame, IN: Notre Dame University Press, 1956.
Se trata de un análisis del lenguaje litúrgico de los sacramentos del bautismo, la confirmación y la Eucaristía, así como del sábado, según lo explicado por los Padres de la Iglesia basado en las Sagradas Escrituras y la Sagrada Tradición. Este es un excelente recurso para aquellos interesados en un estudio más profundo de la catequesis mistagógica.

Haffner, Paul. *El misterio sacramental*. Herefordshire: Gracewing, 2007.
Esta es una de las mejores introducciones a la teología sacramental: concisa, clara y completa. Excelente referencia para todos los catequistas.

Ratzinger, Joseph. *El espíritu de la liturgia: Una introducción*. Madrid: Ed. Cristiandad, 2001.
Se trata de un rico estudio bíblico, teológico y sacramental de la liturgia. Incluye discusiones sobre el papel del Antiguo Testamento en la formación de la liturgia, la importancia de los edificios y el tiempo sagrados, las imágenes y la música sagradas, la liturgia como rito y el cuerpo y la liturgia. El libro debería estar en la biblioteca de toda persona interesada en una comprensión más profunda de la liturgia.

# ÍNDICE TEMÁTICO